秋田に伝わる祝いの針仕事

嫁入り道具の花ふきん

近藤陽紹子

針仕事をしているときの女性の姿は
清らかで美しい、と言われます。
針をもつとき、人は邪念を忘れ
大切な人の幸せを心静かに願うから。
うつむいて針を進めながらも、
心のなかでは家族のことを思っている。
それは幸せで豊かな時間なのです。

はじめに

かつて、嫁ぐ娘の幸せを願い、さまざまな祈りを込めた模様を、さらし木綿に刺し子で施したふきんを持たせる風習がありました。「花ふきん」です。産声を上げたときから、幸せを願って少しずつ刺しためた花ふきんは、母の想いのたけです。

数年前に花ふきんの展示をした際、年配のご婦人が膝まずいて涙を流されていたそうです。身体のどこかで「母のぬくもり」を感じたのでしょうか。また、『暮しの手帖』で掲載されたときは、全国の方々から反響が多いとのことでした。それはそれぞれの地で刺し子のふきんがあり、身近で使用されてあったからだと思います。

わたし自身は、大好きだった祖母から刺し子を教わりました。七十三歳になった今でも、祖母の膝のぬくもり、手の皺が想い出されるのです。私に針を持たせるのは、そんな祖母との想い出からです。

花ふきんは、今ではもう昔のような、嫁入り道具としての華やかな「用」はありませんが、毎日使う器のように、生活の中でそれなりに「用」をなして、潤いとなればいいのです。電気釜の上、茶道具のほこりよけ、そのほかの物の上に。威張らずこっそりと、微笑んでいる。有るのが当り前、無くなれば気になる、そんな存在。「母は……、家内は……、たかがふきんに、よくもこれほど一針一針根気をつめるもんだ」なんてしみじみと家族に眺めてもらえたら、それはうれしい。

花ふきんの記事をみて、刺してみたいという方に「上手く刺そうとするのではなく、ただただ無心に真っ直ぐに針を進めることです」と、運針の心得だけをお伝えしたことがあります。左の写真は、その方の刺したものです。このあたたかな針目、ぬくもりのあるふきんの佇まいに涙がにじみました。一針一針、ただひたすら下を向いて刺し、ときどき目の高さで針目を確かめみる姿がみえてくるようです。刺し子はそれでよく、そうあるべきだと思うのです。

本格的に刺し子をはじめてから、三十数年が過ぎました。他人様に教え、教わる日々でした。先人の暮らしの知恵に感謝しながら、昔ながらのしきたりを守り、かぎり無い模様（刺し）が出来ました。その中の、ほんの数十種をご紹介します。みなさまの刺し見本となり、少しでも刺す喜びをお伝えできたら幸せです。

近藤陽絽子

目次

花ふきんの歴史

花ふきんは全国各地にそれぞれの特長をもって作られていると思います。茶道具などのいろいろなものに掛けふきんとして、また飾りぶきん、お櫃の炊き立てのごはんの湯気とりにと、用がしっかりとしているように思います。使い道にも各地の特長があるかと思います。

江戸時代には、武家の子女たちの行儀見習いや針仕事の手習い、精神修養としても奨励されたことがあったようです。たしかに昔から伝わる模様のなかには、貞淑さを感じさせる武家風の模様と、あでやかな町家風の模様があるように感じられます。

時を経て、花ふきんは嫁入り道具のひとつとなりました。何枚もの花ふきんに、それぞれ異なる模様を施し、嫁ぐ娘に手渡します。婚家の門をくぐったら二度と戻れないと言われた時代、それは母が娘に伝える祝いの針仕事でした。

その頃の家庭では、ひとりひとりがめいめいのお膳で食事をしていました。大家族の時代なので、お膳の数もたくさんあります。そのため台所を預かる女のひとたちは、お膳をとりちがえないよう、模様を縫い込んだふきんをかけておくようになりました。

さまざまな模様が施されたのは、針仕事の見本帖としての役割も果たしていたからではないかと思われます。使い古した花ふきんに鋏を入れて糸をほどき、刺し方を覚えることもあったでしょう。用を満たすことはもちろんのこと、ハレとケのしきたりがわきまえられております。先人の知恵と祈りが、美しい模様を生みだしたのでした。

昔の絹糸は染料が落ちやすく、花ふきんを水に通すと、布が淡く色づきました。その姿に人々は「婚家の色に早く染まるように」という思いを重ねたものでした。けれども、実際に水にくぐらせてみるとわかることがあります。たしかに花ふきんは色づいていきますが、どんなに使い込んでも、四方の縁だけは決して染まらないのです。婚家で幸せになっても、実家の色をそっと忘れずにいてほしい。そんな母心の表れなのでしょうか。

この手仕事の風習がいつ消えたのか、定かではありませんが、大正時代の終わりごろまでは続いていたようです。昭和になるとちゃぶ台を囲んで食事をするようになりました。タオル地のふきんが広まったこともあり、花ふきんは用の場をなくしていったようです。

嫁ぐ娘の
幸せを祈りながら
大切に
刺していく

花ふきんの仕立て

花ふきんは、台ぶきんとは格が異なるため、箱膳や供物台にかけたりして、もっぱら飾りぶきんとして用いられました。使うときは、客人のほうにわが向くようにします。

花ふきんの材料

花ふきんに用いられたのは、多くがあでやかな赤い糸でした。貴重で高価な絹小町の糸を、それでも娘のために買い求めたと思います。綛《かせ》になっていた木綿糸は、白、黒、赤、緑くらいしかなかったようです。

この本のなかで使用している糸は、絹小町または木綿糸の30番です。布は、二つ折りにしたさらし木綿。経糸と緯糸が同じ太さで糸節の少ないものを用います。幅×1.1倍でやや縦長に仕立てると、わの美しさが映え、正方形にない品格が感じられます。対角線で折ったときに影(裏)の模様がのぞくのも奥ゆかしいものです。

花ふきんの模様

ご紹介する花ふきんは、秋田で刺されていた伝統模様をもとにしています。刺し始めと終わりに一針二針の返しはあるものの、基本はすべて運針です。先人の知恵の大きさに感謝をしながら応用形、変形を展開します。豊かな季節、花、道具、亀甲を重ねて吉祥文様に、また収穫を願う模様へと変化を加えております。

模様は大きくわけると「模様刺し」と「地刺し」になります。模様刺しは、3分(1センチ弱)の方眼を基本にして、縦横斜めに規則的な運針を繰り返します。地刺しは、横並列の運針が基本。縦や斜めに糸を刺し込んで布を丈夫にしたり、針目に糸をからめて保温したりします。

花ふきんを刺す

太めの針で、布に直角に刺し込むと、針目に力がみなぎります。結び玉を作らないよう返し縫いで端を止め、角は房にします。

針目はなるべく表目、裏目が同じになるように刺すと、目映りが穏やかです。表目が大きいと訴えが多く、見ているとくたびれます。模様刺しで針目が揃うようになったら地刺しができるようになります。穏やかでゆったりしたものが生まれるように思います。

手の中に布をおさめて刺し進めると、布があたたまり、針の通りがよくなります。二時間くらい刺したら、その箇所をひと晩休めます。どんなに糸こきをしても、針を刺すうちに布が波打ってくるものですが、休ませると布が自然と平らに戻ろうとします(木綿の特長)。

各部位名称

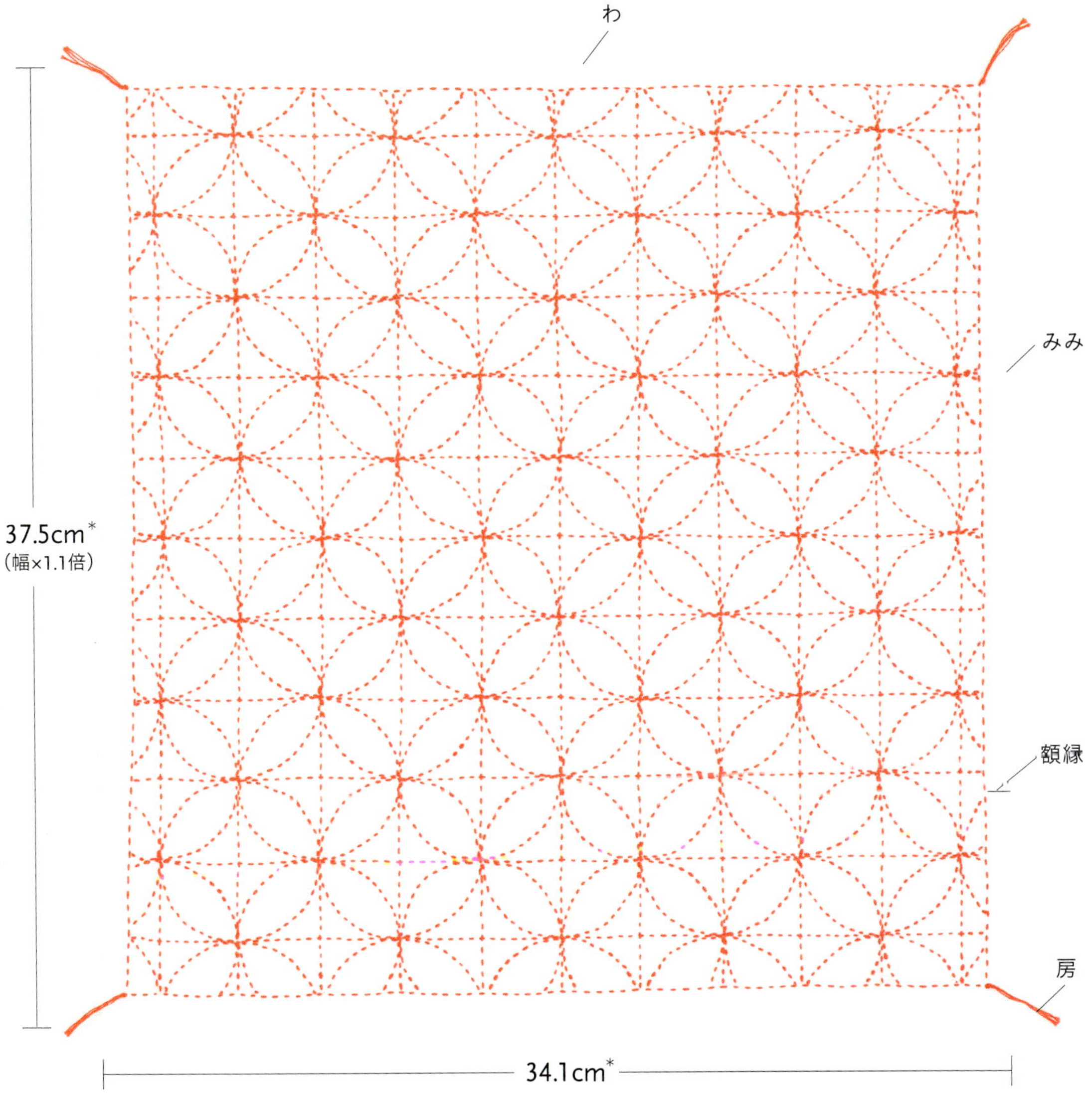

＊サイズは多少異なります。

模様刺し

余白に気品の漂う模様刺しは、
穏やかな針目が、使う人のこころを和やかにします。
方眼を基本に、縦横斜めに運針して模様を作り上げます。
針の運びに変化をつけると、くずし（応用形）が生まれます。
無数の変化が季節の花となり、生活用具の模様となることも。
嫁ぐ娘の姿を思い描きながら見つける、新たな刺し方。
くずしの数だけ喜びが生まれたことでしょう。

角《かく》麻《あさ》の葉《は》

枡に菱形の葉を配した手習いの基本

子どもの祝い着から年配の女性の襦袢にまで用いられた模様です。ふきんを畳み、その折り跡をたどりながら縦横斜めと刺し進めていきます。

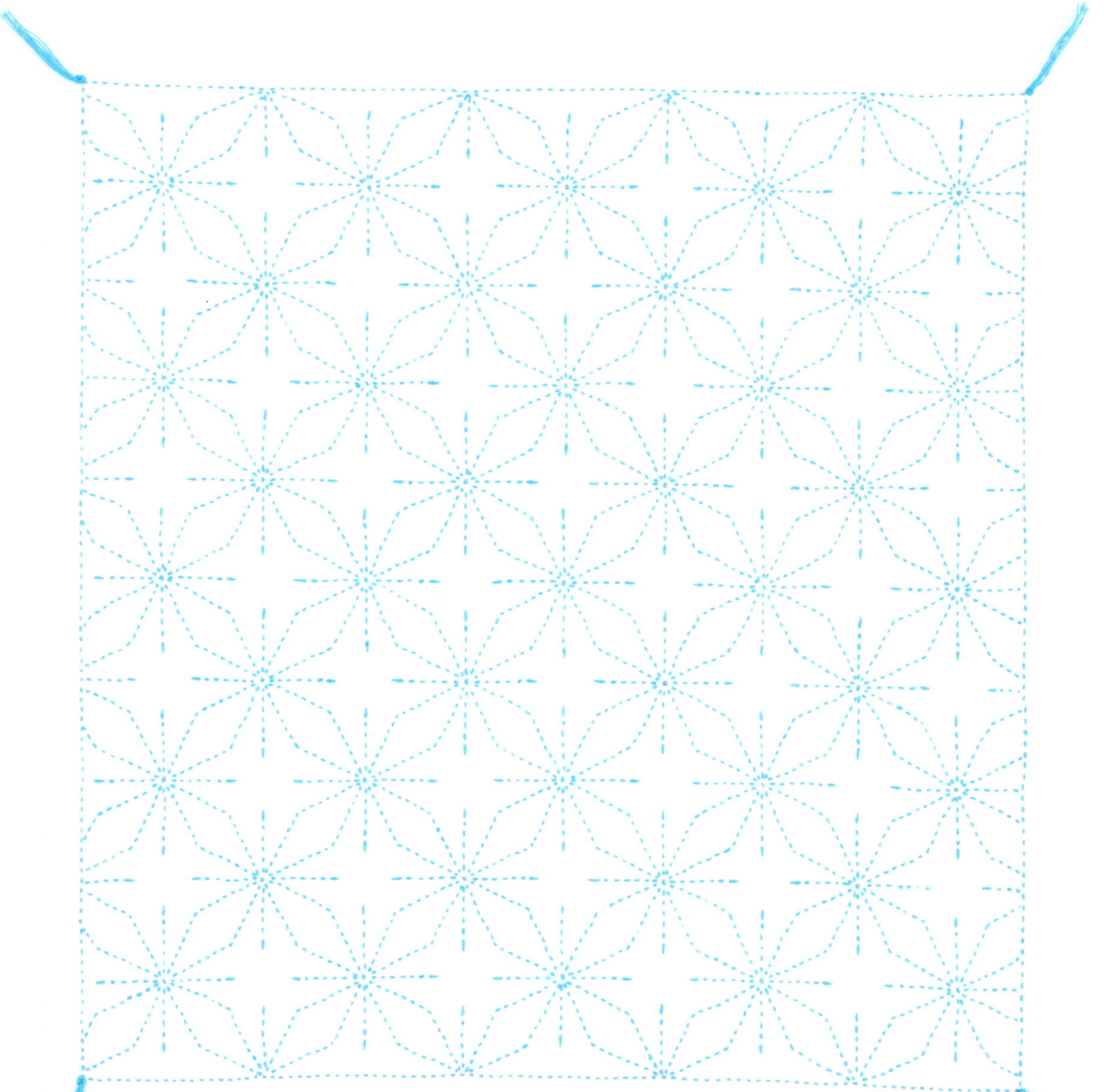

右は、「角麻の葉」。絹小町の糸で横4センチ、縦4.5センチぐらいで一模様になるよう刺してある。武家風の気品が宿り、最高の美しさ。枡と葉の一部を抜き取ると、「角麻の葉くずし」（上）となる。

「角麻の葉」から、無数の応用形「角麻の葉くずし」が生まれる。右の二点は、枡を長方形に。大小の菱形を並べたり、重ねたりしても。

17 模様刺し・角麻の葉

麻の葉

菱形の葉を六つ、放射状に組んで

葉脈がくっきりと入った菱形の葉を放射状に伸ばす、麻。色香が感じられるように刺してこそ、おなごの一生に寄り添う模様となりましょう。

「二重麻の葉」
麻の葉は夏の模様。その葉を重ねて亀甲模様を作り、伸びゆく強さにめでたさを添える。

「弁天麻の葉」

麻の葉先に針目を二目ほど伸ばし、ぽつぽつと咲きほころんだばかりの小花に見立てる。春の模様。

亀《きっ》甲《こう》

おめでたい亀の甲羅を無数に重ねる

麻の葉模様の一葉から、亀の甲羅を模した模様が展開されます。千歳を生きるといわれる亀をいくつも重ねることで、めでたさがいや増します。

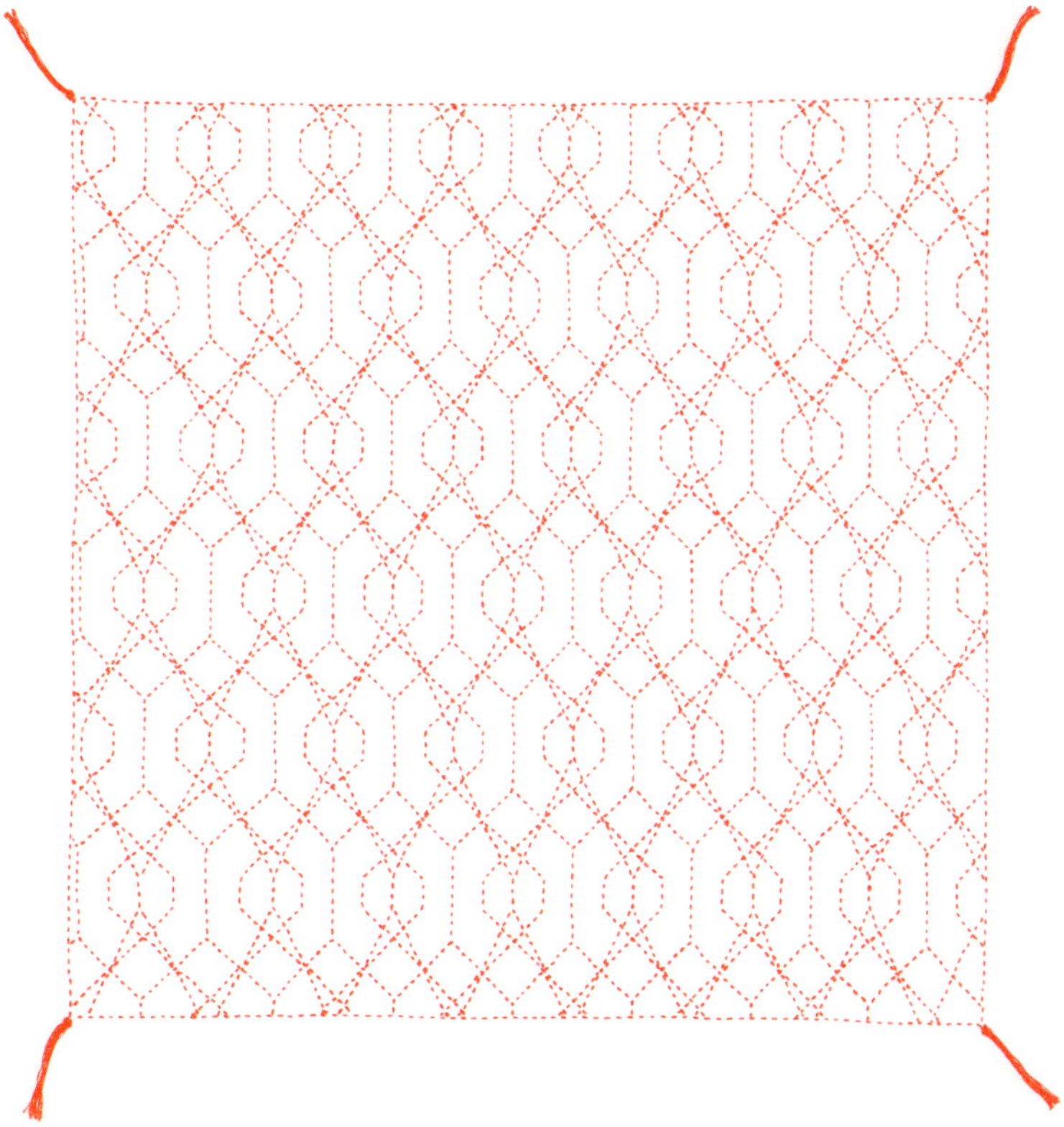

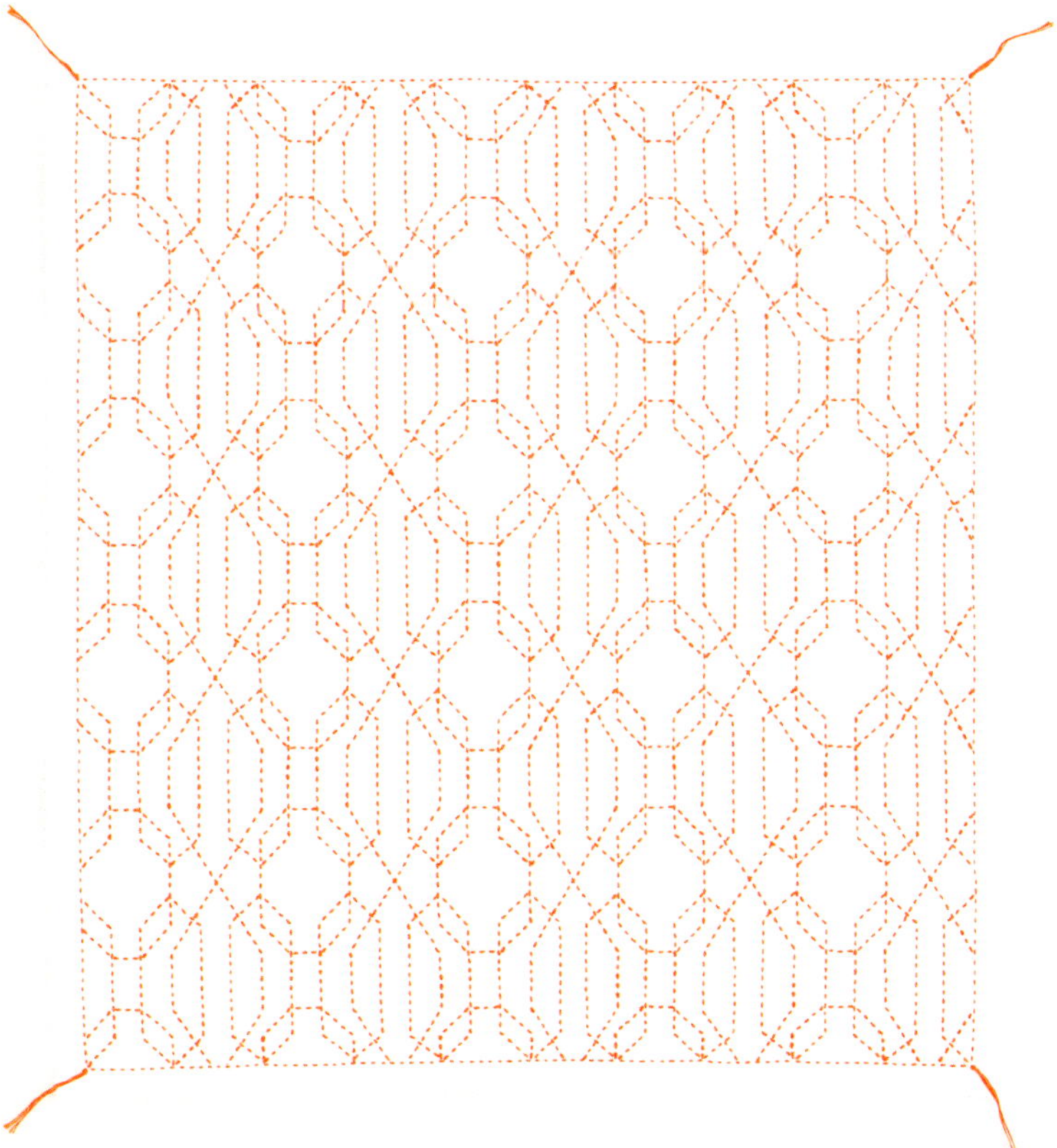

右頁は、六角形を縦横に連ねた「重ね亀甲」。大小の亀甲を重ねると動きが生まれ、左二点のような応用形となる。

上は秋田・竿灯《かんとう》祭りの提灯《ちょうちん》にも、雨傘にこぼれた雨粒にも見える。左上は向かい亀甲。左下は光射す林のように刺した。

23 模様刺し・亀甲

花と実り

季節の花と収穫模様で、恵みに感謝を

花ふきんには、草花や収穫に関する模様を多く使います。四季折々の花に心なぐさめられ、秋の実りを願った、おなご達の日常がほの見えます。

「桜亀甲」
雪国の秋田にようやく訪れた春。陽光を求めて次々と咲く桜の花に、嫁ぐ娘の姿を重ねて。

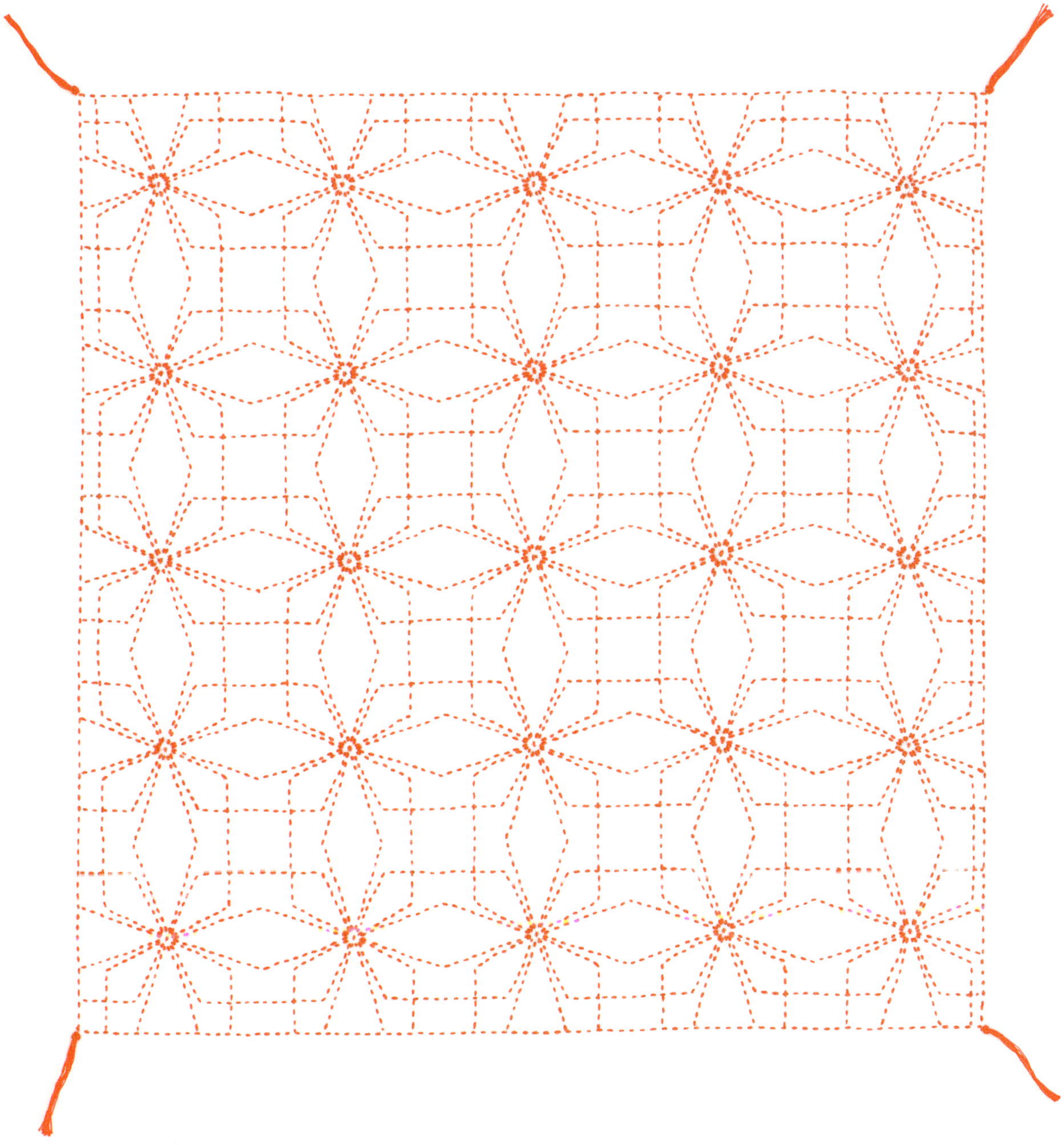

「鉄線《てっせん》」

夏、竹垣にからんだ
つるから藍色の花が
咲く。端正な模様は、
角麻の葉の応用形。
縦横の重ね亀甲と合
わせて刺していく。

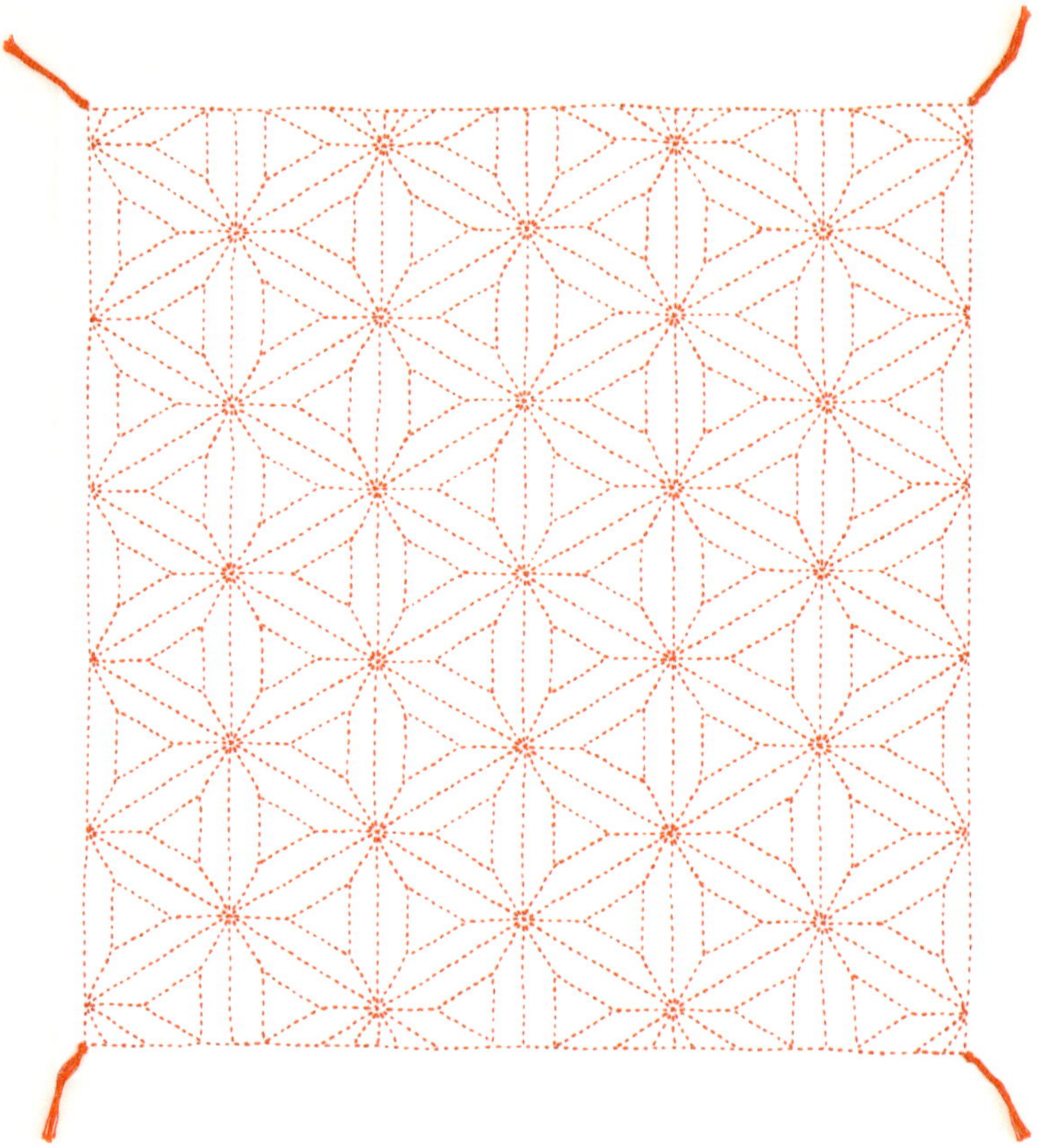

「桔梗《ききょう》麻の葉」

お盆の時期、墓に手向ける草花。麻の葉を応用した古典柄で、組み木細工などにも見られる。

「芙蓉《ふよう》」

麻の葉の応用。晩夏の夕方、芙蓉の花が色づく。やわらかくも凜と咲く姿に、心励まされる。

「胡麻《ごま》柄《がら》麻の葉」

秋に収穫する胡麻は、茎を折ると、星形の断面が現れる。その模様を枡重ね部分に入れ込んで。

「梅《うめ》鉢《ばち》亀甲」

八角形を六つ集めて、梅の花に見立てている。雪に閉ざされた長い冬、春を待ちながら刺す。

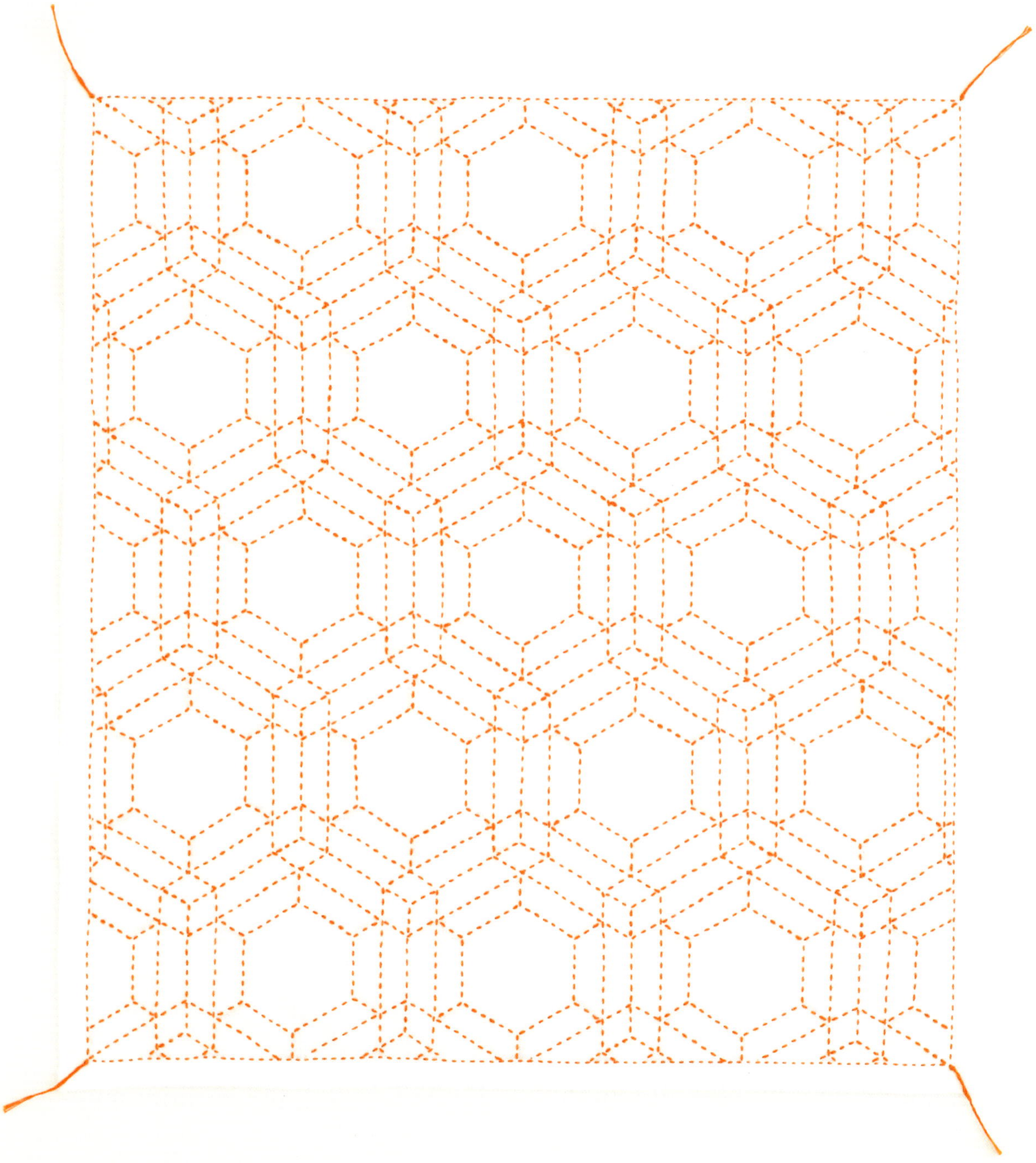

「五重亀甲」

収穫模様のひとつ。亀甲を俵に見立て、一斗枡、一升枡の形を入れ込んで、秋の田の豊かな実りを祈願して力強く刺す。

「八《はっ》角《かく》井《い》桁《げた》」

米を計る枡を入れ込んだ、収穫模様のひとつ。八角形は一斗枡、四角は一升枡。そっと「米」の字を隠し入れ、豊かな収穫を願う模様とする。

昔の絹糸で刺した花ふきんは、水を通すと
糸の染めが落ちて淡く色づく。
そこには、早く婚家の色に染まるようにという
願いが込められているのだとか。
でも、使ってみるとわかることがある。
どんなに色が染みても、
四方の縁だけは決して染まらず
いつまでもくっきりと白い。

十字つなぎ

交差と反復から生まれる自然描写

連ねて重ねる、ただそれだけのこと。淡々とした毎日が豊かな人生を紡ぐように、単純な模様の反復は、広がりのある世界に続いているようです。

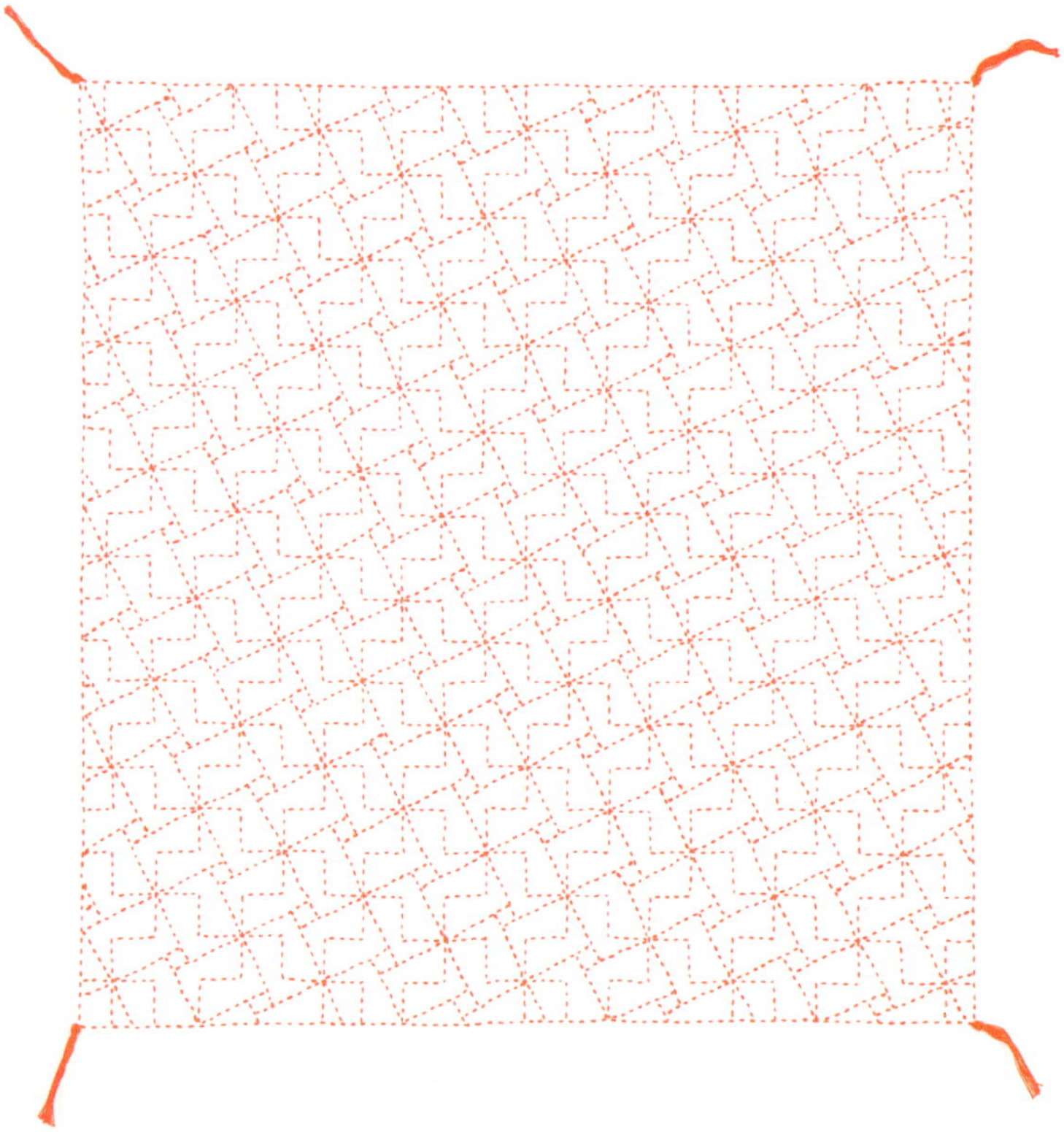

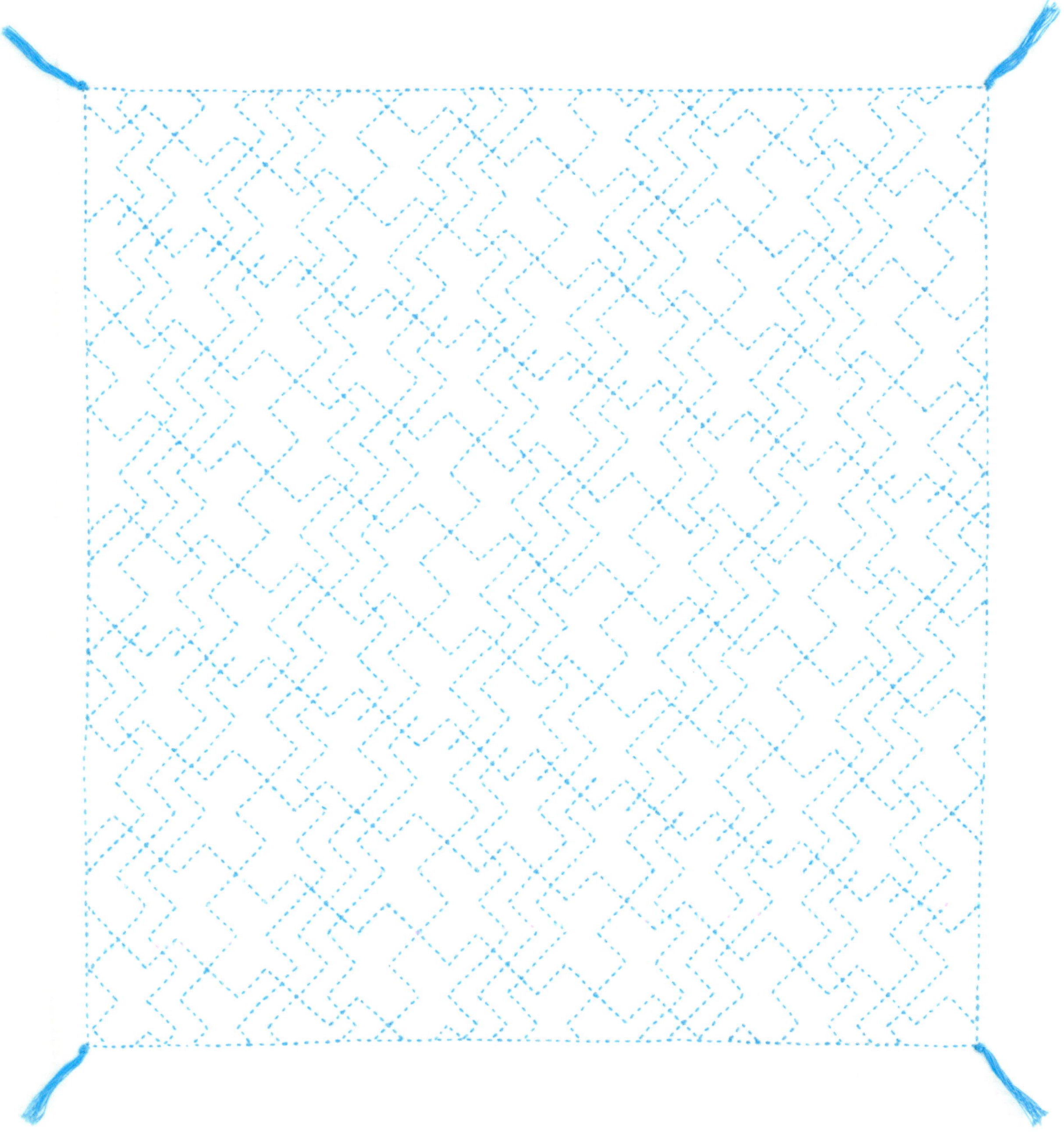

模様重ねには、祝福の意味がある。右は基本形。十文字同士をつなぎ、井桁を重ねている。上は応用形。波を映すように。

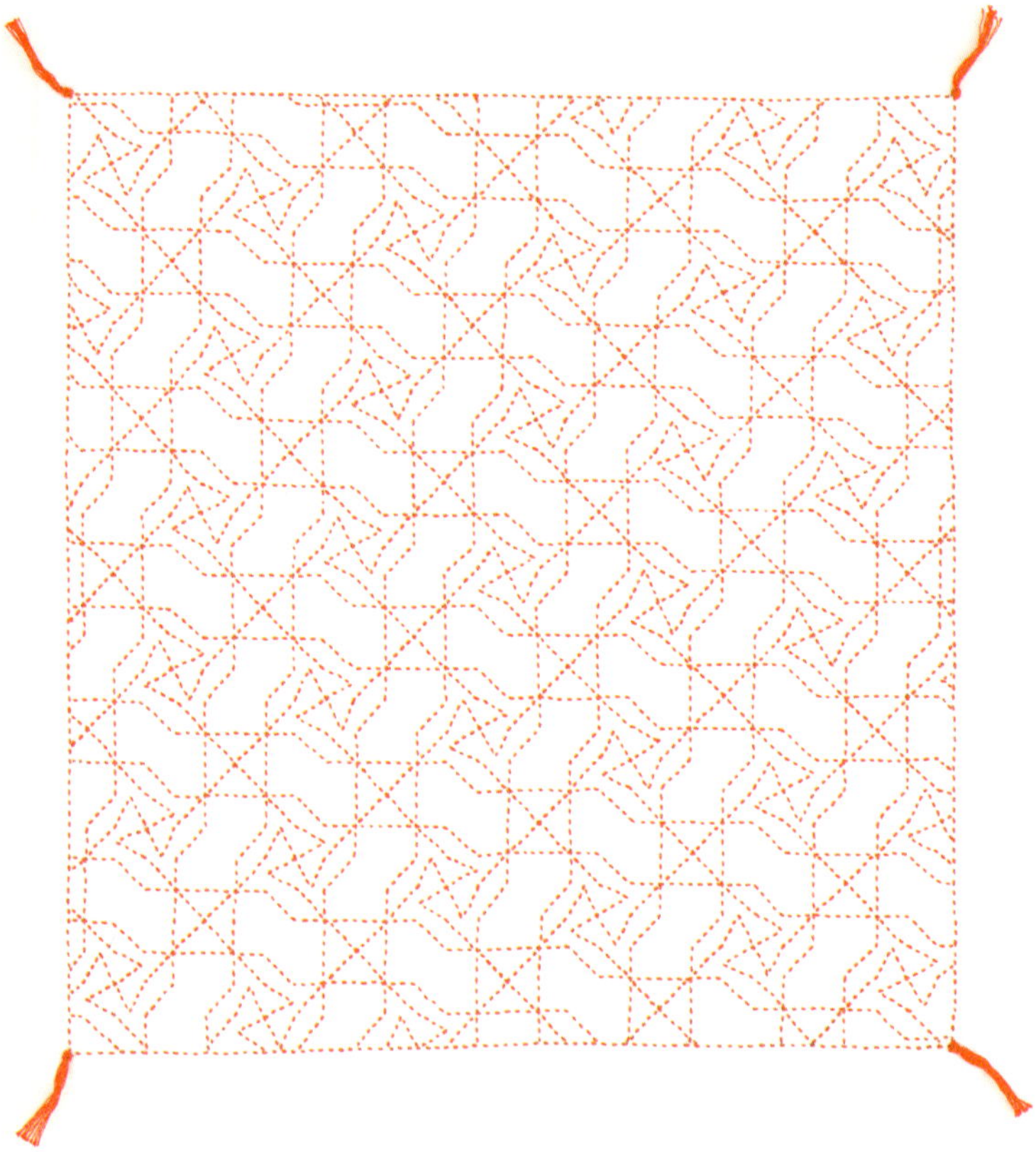

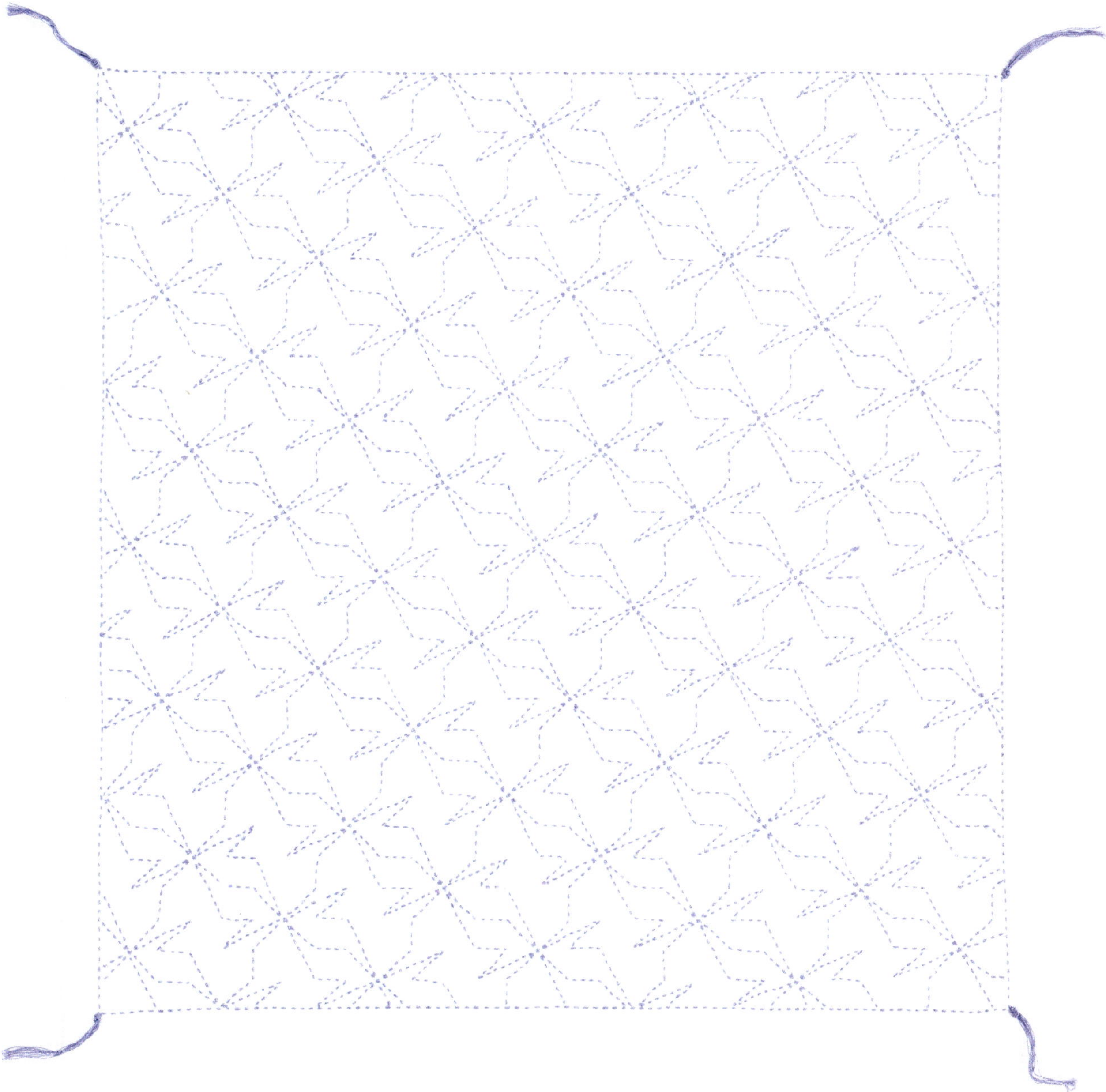

35　模様刺し・十字つなぎ

十字を規則的に重ねたり省いたりするうち、思わぬ情景が浮かび上がる。右上は分銅、右下は夜空の星、上は雁のわたり。

角《かく》つなぎ

大小の四角い枡をいくつも重ねて

花ふきんでは、四角を枡と見なします。枡をどのように割り込むかによって、躍動的な模様から静謐な模様まで、自由に表すことができます。

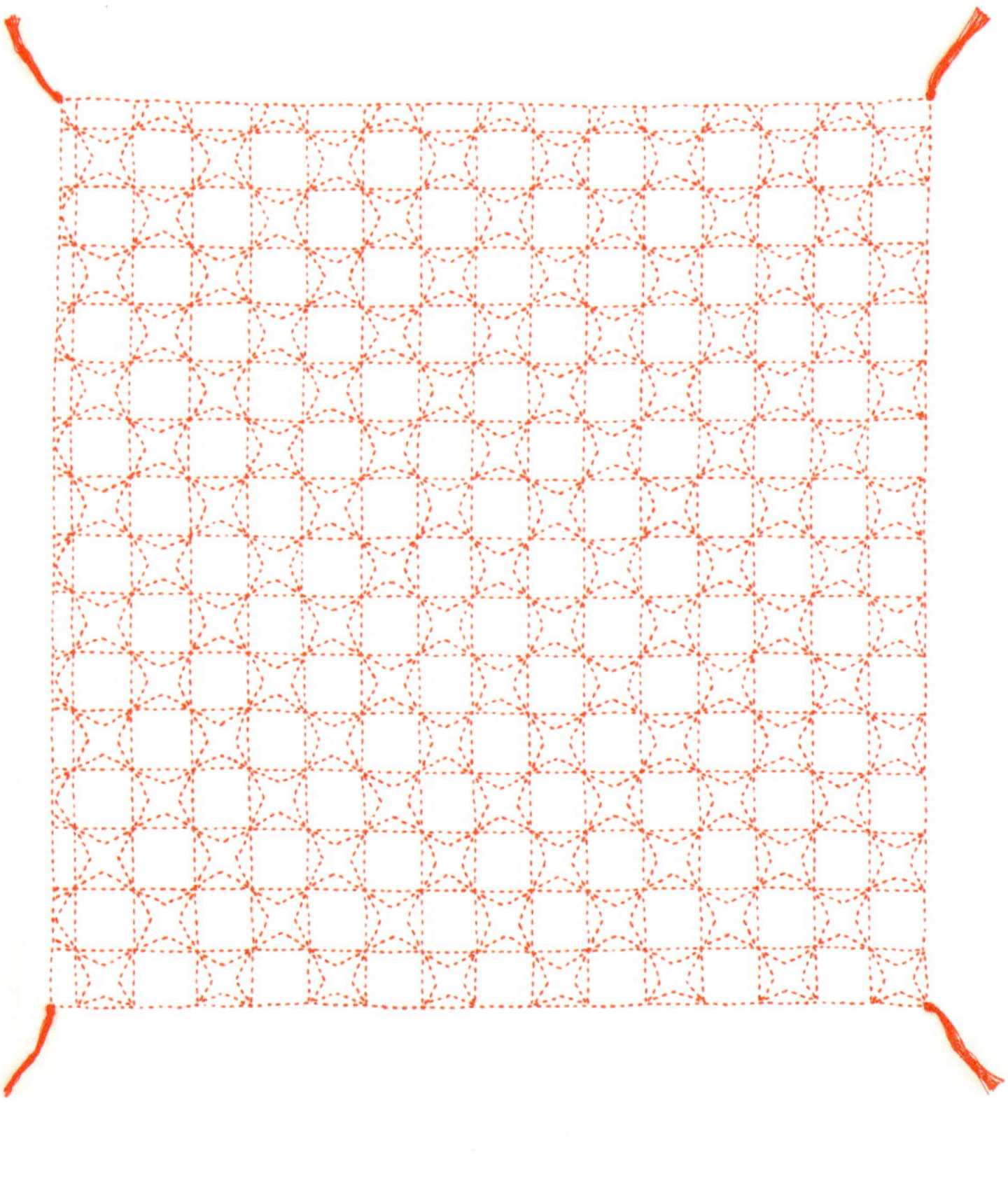

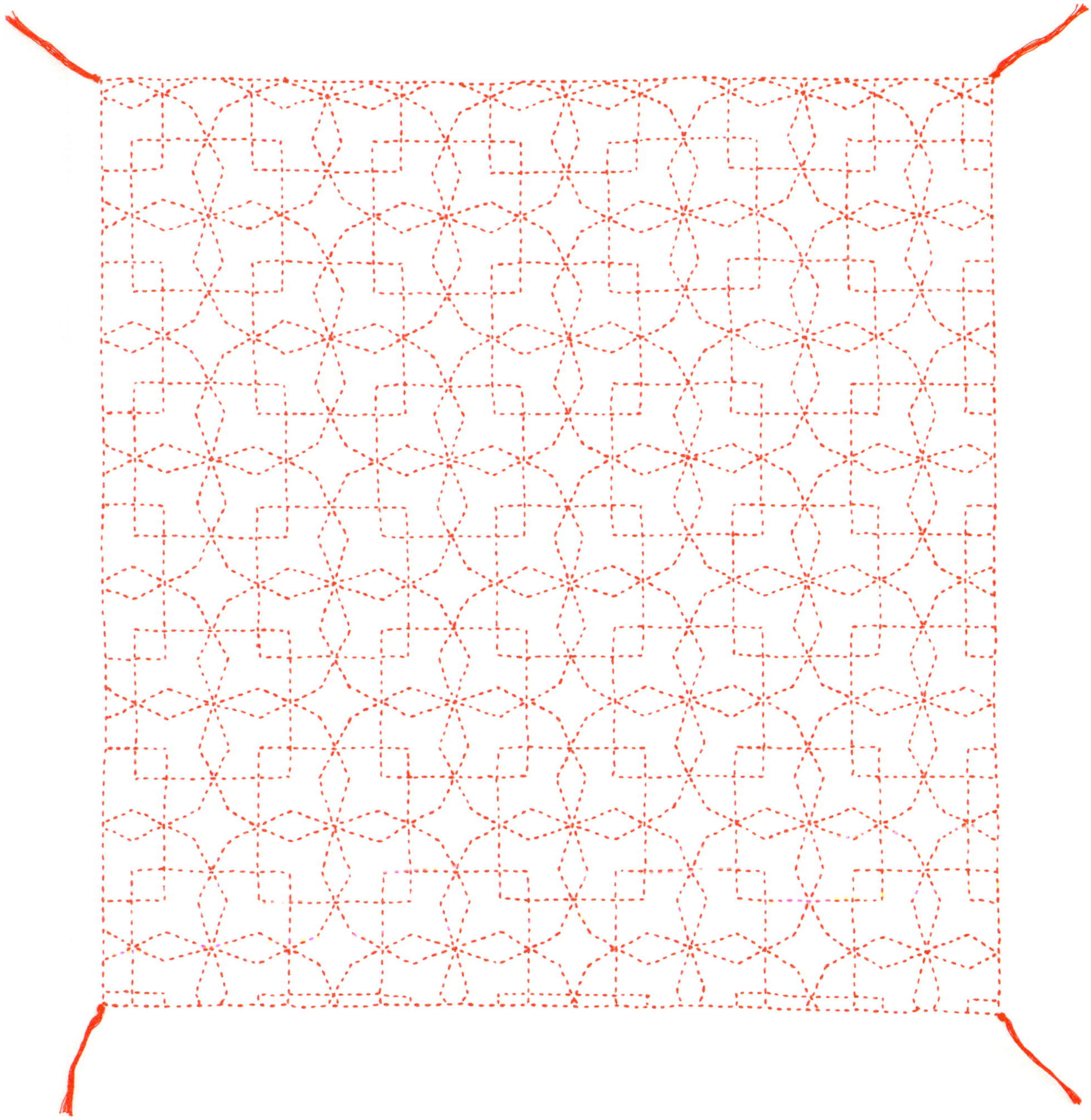

この二点は、正方形の枡に「角麻の葉」の一部を重ねた、「角つなぎ」の応用形。右は枡を並べ、上は枡を重ねている。

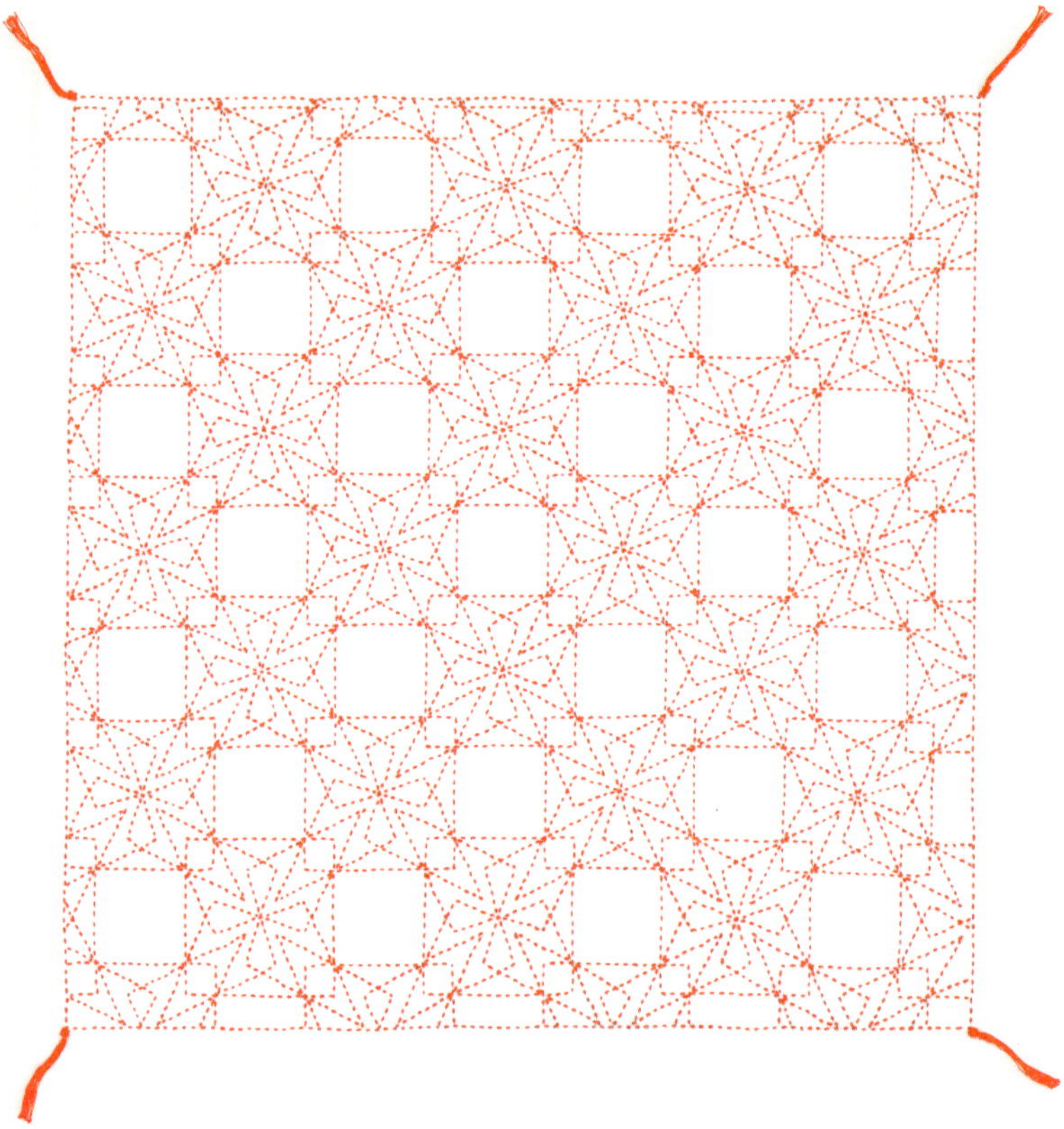

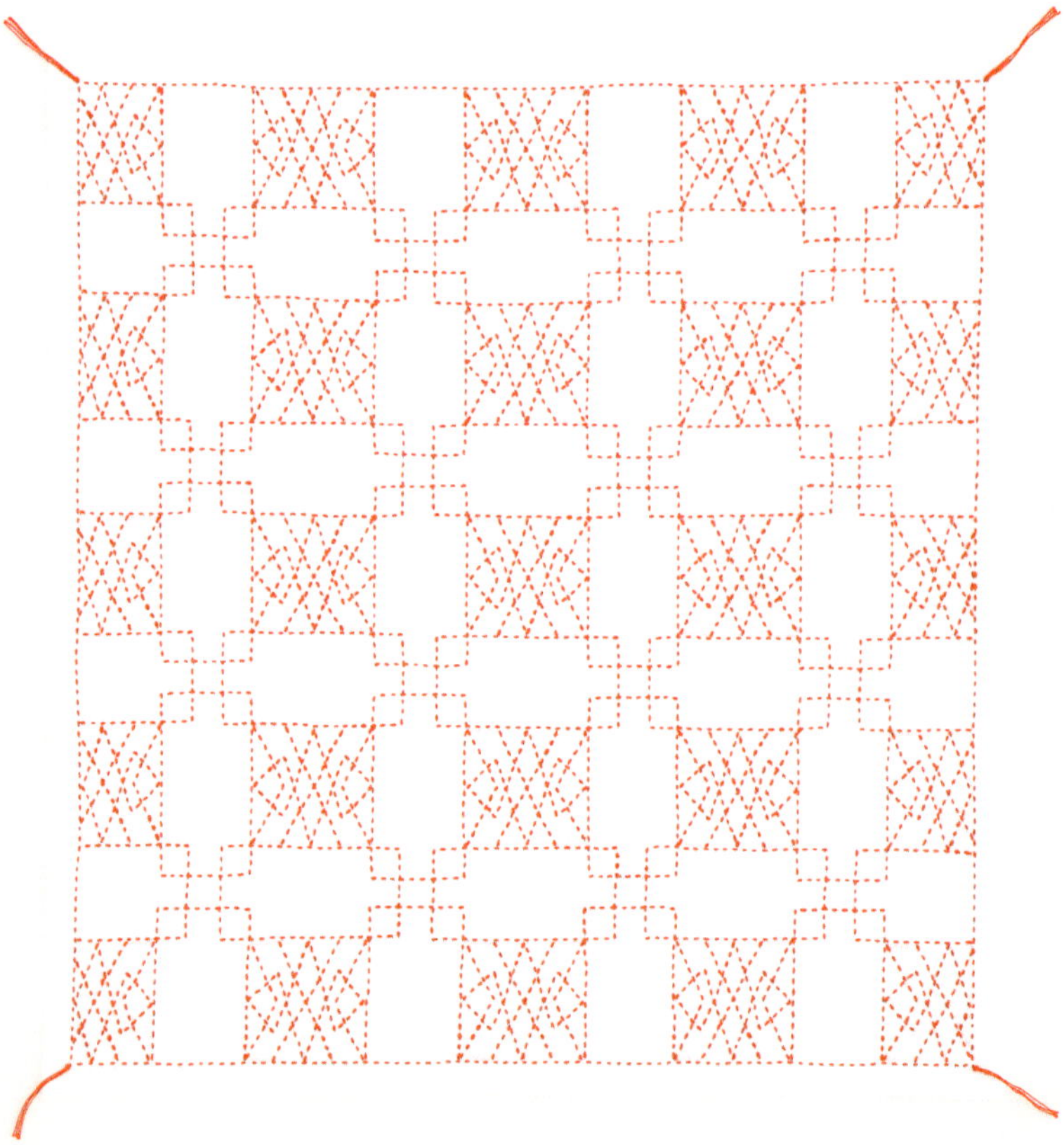

39 模様刺し・角つなぎ

「角つなぎ」は、重ねる模様の配置によって余白が生まれる。密に模様を重ねた分、余白の静けさが豊かさを感じさせる。

唐《から》もの

中国の伝統模様を思わせる異国調

大陸伝来の模様には、年月を経ても古びることのない伸びやかさがあります。大胆で生き生きとした糸の動きに、針をもつ手も力がみなぎります。

「変わり雷文《らいもん》」

中華どんぶりの縁模様でおなじみの雷文。渦巻きの幅を変えて、雷坊やが踊っているように。

「薔薇」

唐花亀甲の応用形。堅いバラのつぼみと、花開いたばかりの一重のノイバラに見立てている。

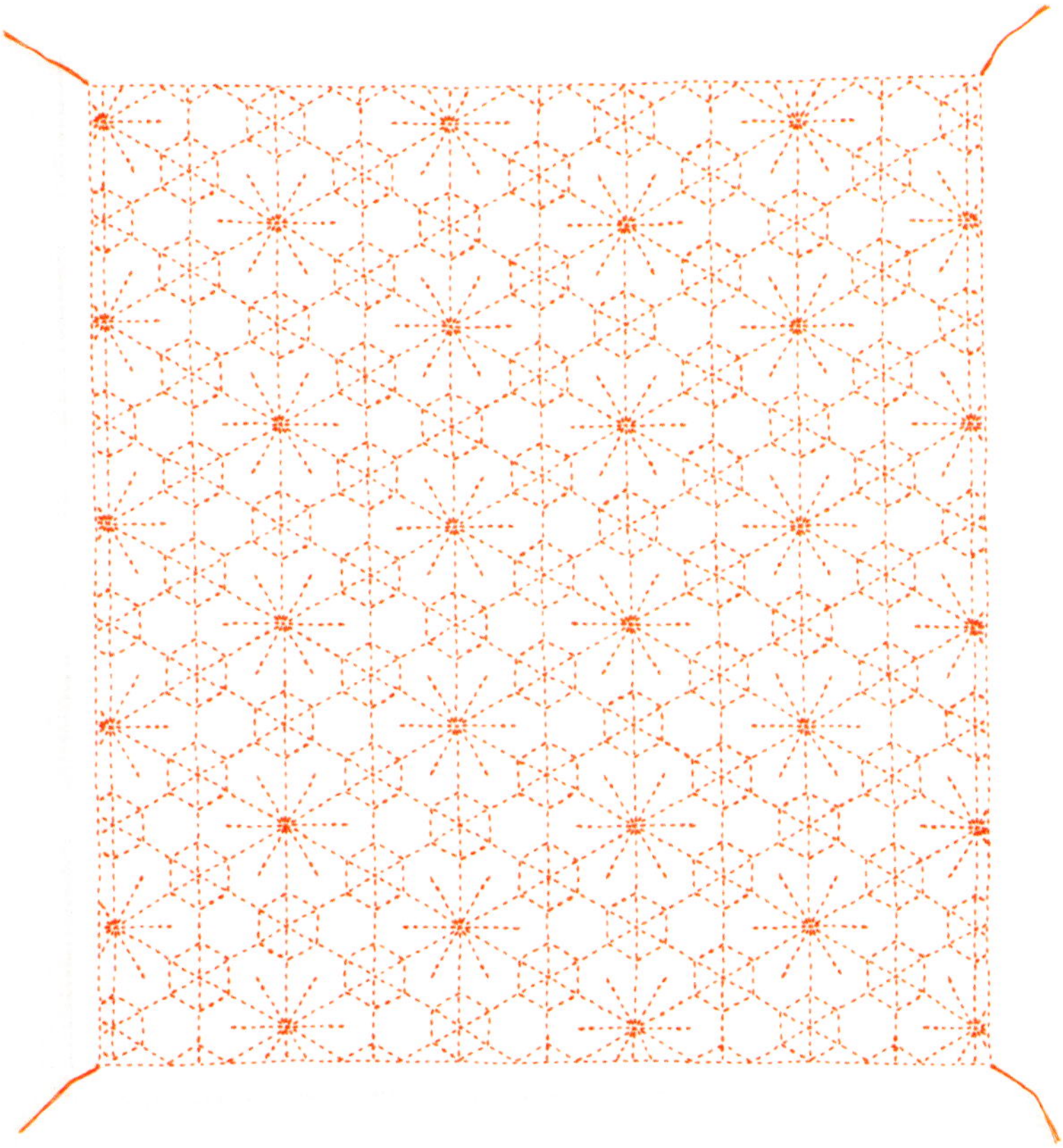

「唐花《からはな》亀甲」

唐花とは、柑橘のダイダイを指す。先の細い亀甲を六つずつ組み合わせ、のびやかに咲かせる。

毘《び》沙《しゃ》門《もん》亀甲

財宝の神様が身につけた鎧の模様

中国の城門を守る兜跋《とばつ》毘沙門天の鎧に描かれている模様がもとになっています。男性が好んで身につけた模様。くずせば、男女兼用になります。

「毘沙門亀甲」矢じりのような鋭さをもつ形。財宝の神、毘沙門天に由来する、縁起のよい模様でもある。

「毘沙門三角」

「毘沙門亀甲」をくずして、中心に三角模様を入れ込んでいくと、やわらかな雰囲気が生まれる。

三角

古来より伝えられてきた幾何学模様

古くからある三角刺しに、大小をつけると、空間に動きが生まれます。風呂敷にあしらうと、畳んだときの模様の重なりがまた面白いものです。

右は、三角形をずらして重ね、余白に流れを作っている。上は同じ大きさの三角を重ねて大小の三角を作り、動きを出す。

紗綾形《さやがた》

海を渡って届いた、珍しい織り地から

近世初頭に中国から渡ってきた「紗綾」と呼ばれる織物に、この文様が織り出されていました。綸子文《りんずもん》とも呼ばれて新しまれてきた模様です。

角度を変えると勇ましくも、優しくもなる、45度で男性的に。年配の方には下のように、30度から60度で刺して、たおやかさを添える。

七宝《しっぽう》

ふくよかな円を連ねて永遠を表す

平安時代より続く吉祥文様。ひとつの円に四つの円を重ねて連続模様とします。お月見の始まる前、お供えの三宝にかけるとゆかしいものです。

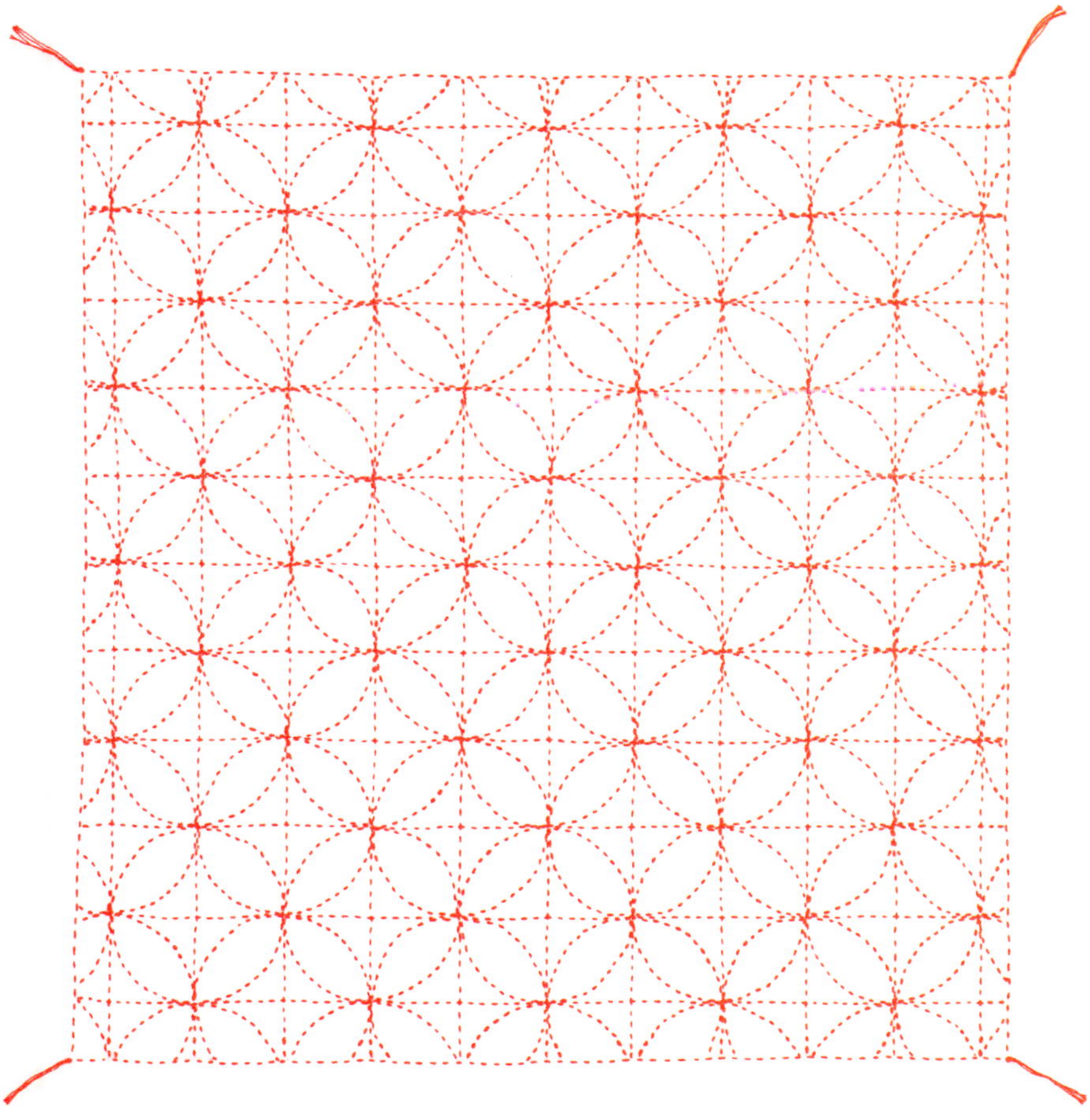

下は基本形。上ははなだ色に染めたさらしの中央に「七宝」、四隅に「割り菊」を配した。

手から手へと伝わってきたおなごの針仕事

仕立てを生業としていた人は別として、針仕事は昼間からすることではなく、余った時間をやりくりしておこなうものでした。

夜、家事を終えると、それぞれのオボキ（裁縫道具入れ。大切な私物も入れていた）を持って集まり、裸電球を目の高さまで下ろします。娘も繕い物を手にその輪に加わり、姑や小姑と膝をつきあわせます。女同士、会話が弾むこともあれば、しんと静まりかえったなか、ただただ繕い物をしていることもあります。いずれにしましても、婚家に来て年月の浅い娘はなんとも所在なく、ただ黙って下を向きます。うつむいて手元の着物のほころびを見つめれば、そこには健やかに遊ぶ子どもの姿や、勤勉に働く夫の姿が浮かびます。夫の着物がすりきれているのは、働き者のしるしです。子どもの服に穴があくのは、健康でよく遊んでいる証拠です。薄くなった生地に布をあて、補強をしよう。あたたかい着物をこしらえてやろう。そんなとき、母のもたせた花ふきんは心強い手本となりました。

繕い物の手本として

地刺しは、花ふきんのなかでも実用的な手法です。これには数十種の刺し方があり、それぞれに縁起のよい名前がつけられています。しかしうつくしい模様でありながら、装飾にとどまらず、刺せばたちどころに補強や保温の役割を果たすところが、地刺しの特徴といえましょう。地べたを刺す、と書くように、まさに土地に根ざした日常刺しなのです。その地刺しを施した花ふきんを、母は模様刺しの花ふきんと一緒に、いくつもたせてくれていたのでした。

たとえば亀甲刺しは縦横斜めに細かい針目を入れるので、布を柔らかくも強くもします。着物の肩部分を補強するのにはもちろんのこと、幸せを願う飾りとして胸元に刺しても喜ばれることでしょう。親亀・子亀は、長い糸を縦横の針目にからめて布全体に渡します。保温性が増し、布のあたりがやわらかくなるので、赤ん坊の肌に触れても安心です。

着物のわきの下や膝のところには、三つの針目を組んだ籠目刺し。これで布と肌とがこすれることなく、縦横自由に動きます。しかもガーゼを挟んだように温かくなります。また、籠目刺しは斜めに糸が入って布がよく伸びますから、大工道具を包んでおけば、鋭い刃物でうっかりケガすることもありませんし、堅いところに落としても刃こぼれを防ぐことができます。こうしたことを、花ふきんの針目を見ながら、自然と覚えていきます。

愛用している指ぬきと、昔の絹糸。絹小町は製造中止のため、今は市販の絹手縫い糸を用いる。

ひたすら下を向いて針を動かすうちに、針は手元で美しく進んでいきます。目の前の姑や小姑の姿はいつの間にか消え、自分の世界が広がっています。

刺して、生きて、老いていく

ふきんは刺し子の基本であり、主婦の暮らしぶりそのものでした。最初に覚える針仕事が、ふきん縫い。慣れてきたら、着物や袋もの。家族の求めるものを自分の手でこしらえられるようになると、針をもつ時間が喜びとなり、新しい模様を生み出す喜びも生まれます。こうして家族を思って針をもつうちに、娘は妻から母になります。女児を授かれば、年頃になるまでに用意しておこうと、花ふきんを刺しためます。娘は気づかないのですが、その姿は自分を送り出してくれた母の背中とよく似ていたでしょう。

針仕事の腕があがってくると、人に繕い物を頼まれるようにもなります。なかには夫を亡くし、仕立ての腕一本で子どもを育てていく人もありました。そんな針上手に、娘に渡す花ふきん作りを頼んだ人もあったようです。そうした母親は、腕に自信がないからと言って頼みつつ、じつは働き手を亡くして困っている女のひとに、せめて生活費の足しにしてもらえればという気遣いがあったようです。嫁ぐ人の幸せを願い、刺し手はひとり静かに針をもったことでしょう。家族を亡くした寂しさを抱えながらも、自分を気遣ってくれる人の近くにある心強さ。無心になる時間をもつ幸せ。嬉しい時も悲しい時も針をもち、いつもと同じ自分の針目を刻んでいくと、心はすっと鎮まっていきます。

ひたすら手を動かすうちに月日がたち、気づけば老いがしのびより、やがてこまやかに針を進められなくなるときがきます。それでも作ることのできるものが、ふきんでした。節くれ立った指に小さな針をもち、一針、また一針とゆっくり刺していきます。若い頃と違って、針目は、なかなか揃いません。糸一本を針穴に通すにも時間がかかります。それでもそこには、粗末に作ったものとは違うやさしさがあります。老いてなお針を進められる喜び、作ったものが家族の役に立つ幸福感には、若い頃には味わえなかった豊かさがあるのではないでしょうか。

家族の用事を済ませてから、無心に針を持って自分を保つ、「おなご」にとっての幸せな時間です。針目のひとつひとつが哀しくていとおしい。その長い時間を重ねて、おなごの手から手へと伝わってきたものなのです。花ふきんは、そんなふうに見てあげられたらと思います。

四十年以上使っている藍染めの花ふきん。七宝模様はお弁当包みにしても美しい。

地刺し

表はもちろん、影(裏)も美しいのが、地刺しの花ふきん。
一枚仕上げるのに、一〇〇メートル近い糸を刺し込みます。
そのため、布の補強や保温効果にも力を発揮し、
日常の針仕事でもその手法はたいそう役にたちました。
夫の着物を繕ったり、子どもの産着を縫ったり。
嫁いだ娘が針をもつとき、母の手による地刺しの花ふきんは
どれほどか心強い手本となったことでしょう。

基本刺し

縦、横、斜めに刺す、地刺しの練習形

布に糸を縫い込むときの一針の長さは、ひとりひとり異なります。地刺しは、自分の針目を保ってひたすら刺し進めるところから始まります。

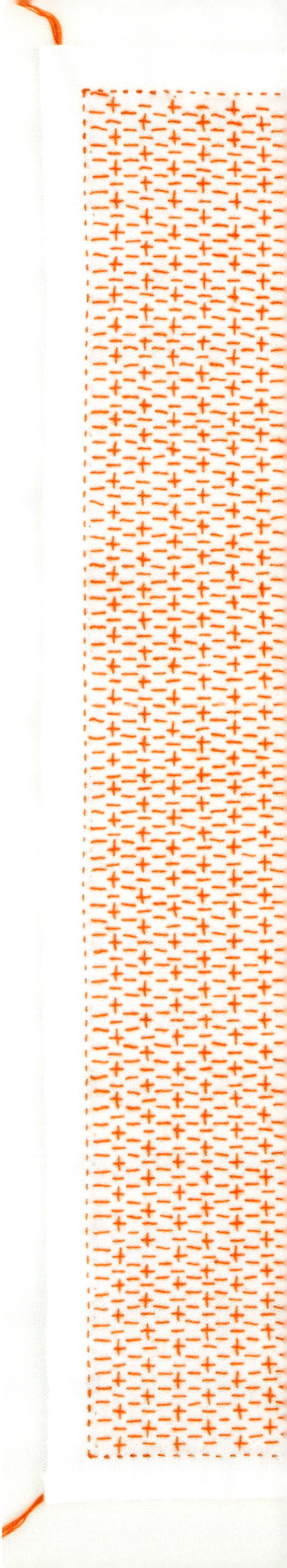

地刺しの場合は、表と裏とで異なる模様が表れることも多い。右は裏の模様、左は表の模様。

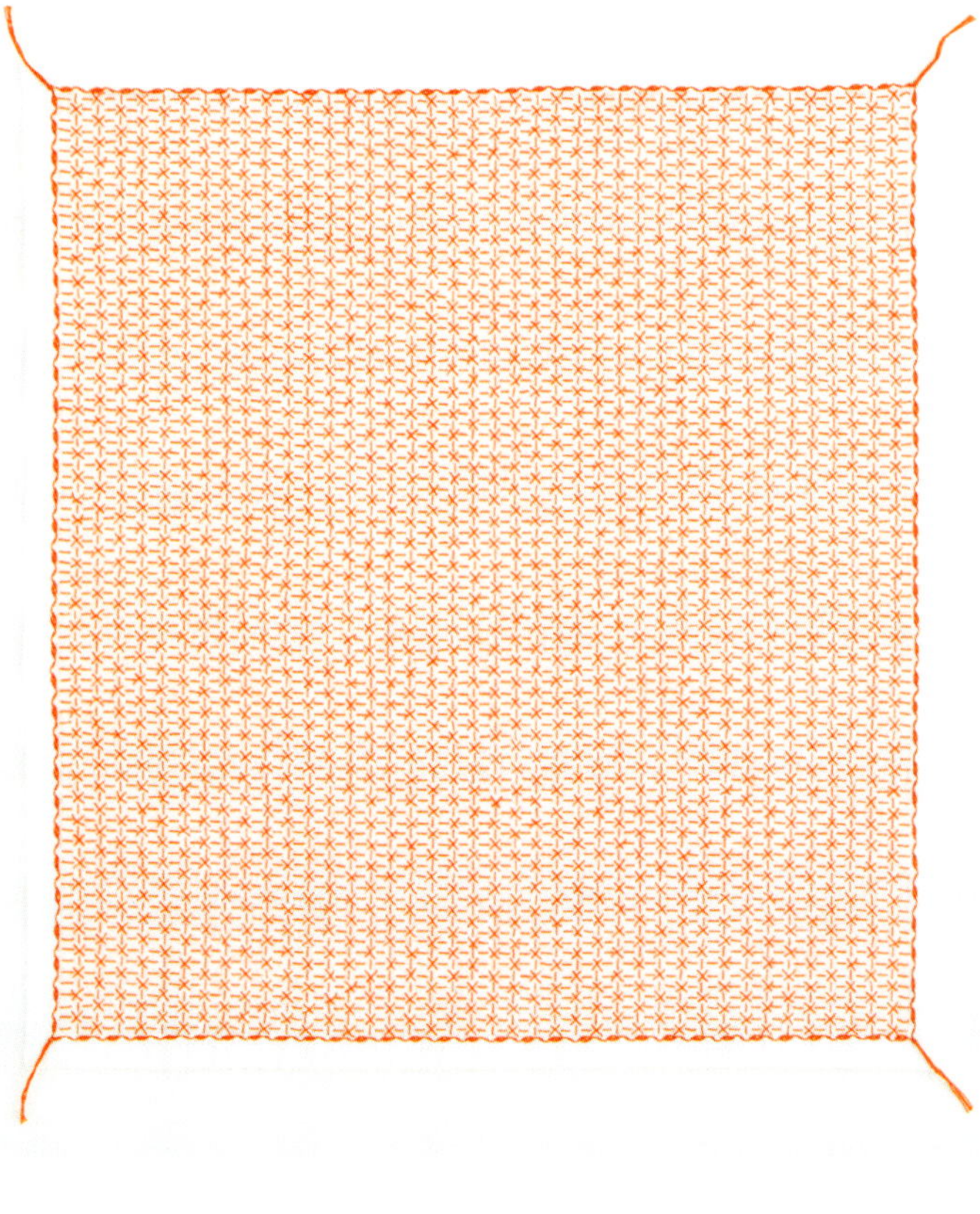

「基本刺し」の展開次第で、さまざまな模様が生まれる。こちらは「基本刺し」を斜めに刺した場合。上が表、下が裏。

銭《ぜに》刺し

縦の針目に糸をかけ、あたたかく

基本刺しを習得した娘たちは、次に銭刺しを覚えたものです。縦に運針したあと、針目に糸をかけていくと、細かい小判模様があらわれます。

表（左）も裏（右）も小判形の「銭刺し」で仕上げた。この花ふきんは、何度も水をくぐらせた。

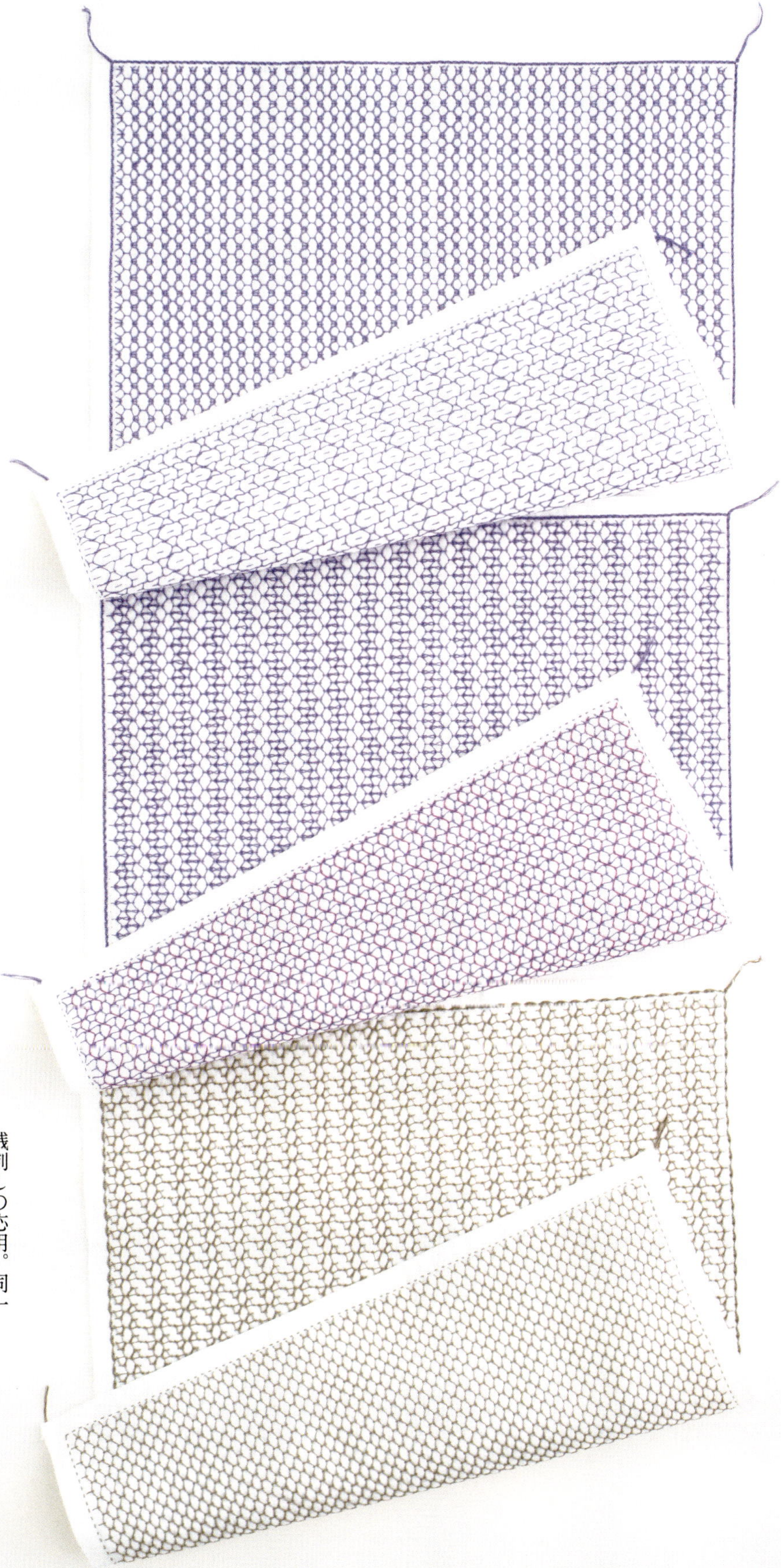

銭刺しの応用。同一方向に運針するところまでは同じ。その後の糸のかけ方によって模様が異なる。

籠目刺し

三方からの針目で、布をなめらかに

着物のわきの下や膝など、摺れやすい部分を補強します。鹿革のようになめらかになるので、大工道具の刃物を包むときにも重宝と聞きました。

使い込んだ「籠目刺し」の花ふきん。表も裏も同じ模様になるのが、この刺し方の特徴である。

色違いの籠目刺し。この地刺しは、三方向へ運針することにより、布の動きをなめらかにする。

矢羽根《やばね》刺し

弓矢についた羽根を思わせる刺し方

縦と横に針を進めて、階段のように。さらに斜めに刺し込むと、矢につける羽根の形になります。使い込んで薄くなった布を蘇らせる手法です。

縦横斜めの針目で、強度をあげて布を堅くする。縦横の針目がずれてしまうと、矢羽根にならない。

笹刺し

膝頭や肘がほころびたら

縦と斜めに針を刺し込むことで、布がしなやかになり、しかも針目は目立ちません。遊び盛りの子が着物を摺るたび、母はせっせと繕いました。

名の由来は笹の葉に似ているところから。縦と斜め二方向に刺して、布の動きをなめらかにする。

亀甲刺し

裏の模様も楽しい、飾り刺し

亀の甲羅に似た縁起のよい模様から、町だち（買い物）の着物の肩や袖口に施されました。縦横斜めに細かく針を刺し込んで、布を補強します。

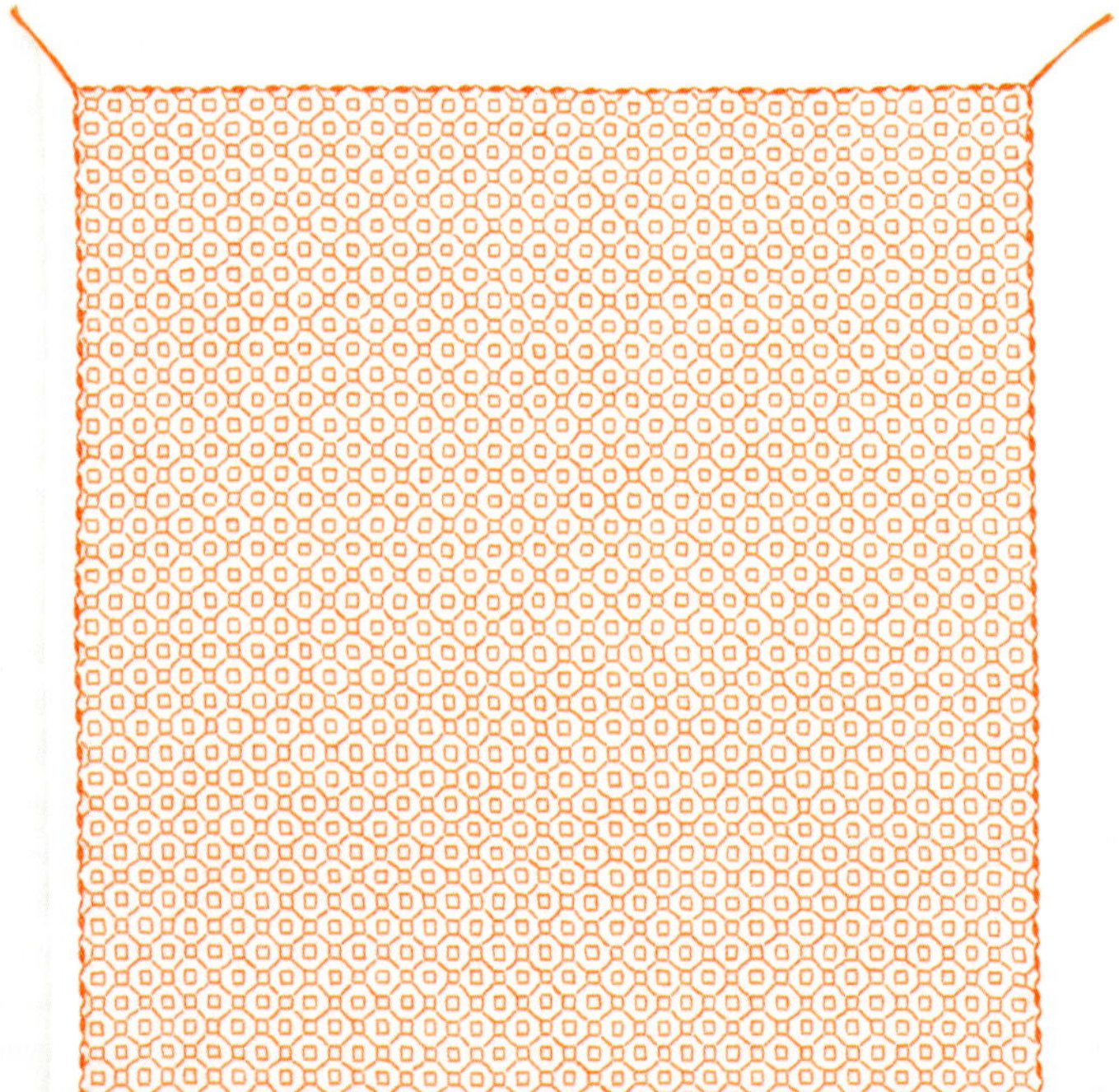

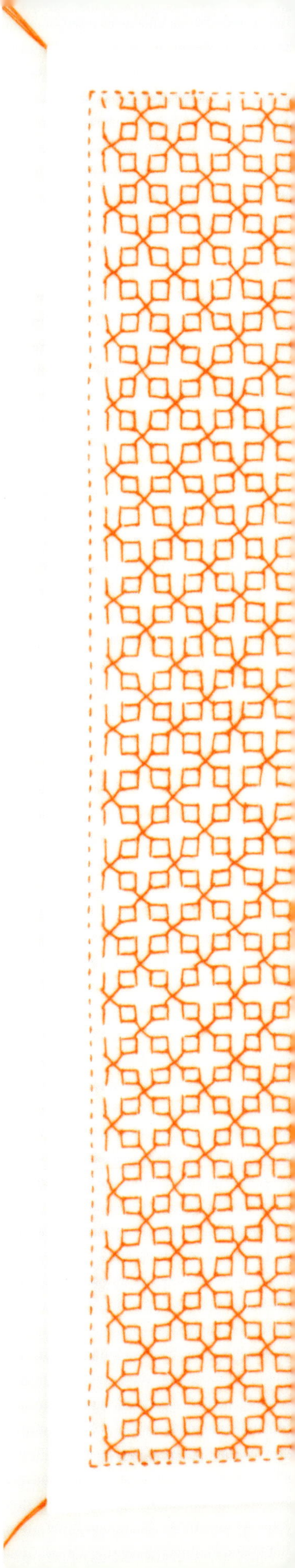

左は表。亀の甲羅に似た八角形が並ぶ。裏を返すと亀は姿を消し、小さな枡が表れる（右）。

縦横の針目を揃えるか、ずらすか。それによって、六文銭(中)や枡(下)にもなる。

うるめじゃっこ

清流を泳ぐメダカの群れを

秋田の言葉で「うるめ」は小さい、「じゃっこ」は雑魚のこと。童謡『めだかのがっこう』を思わせる模様です。前掛けの縁に刺すと布がほどよくつれて、身体に沿います。

矢羽根刺しの応用形で、生地の補強に用いる。布の一部に刺しても、全体に施してもいい。

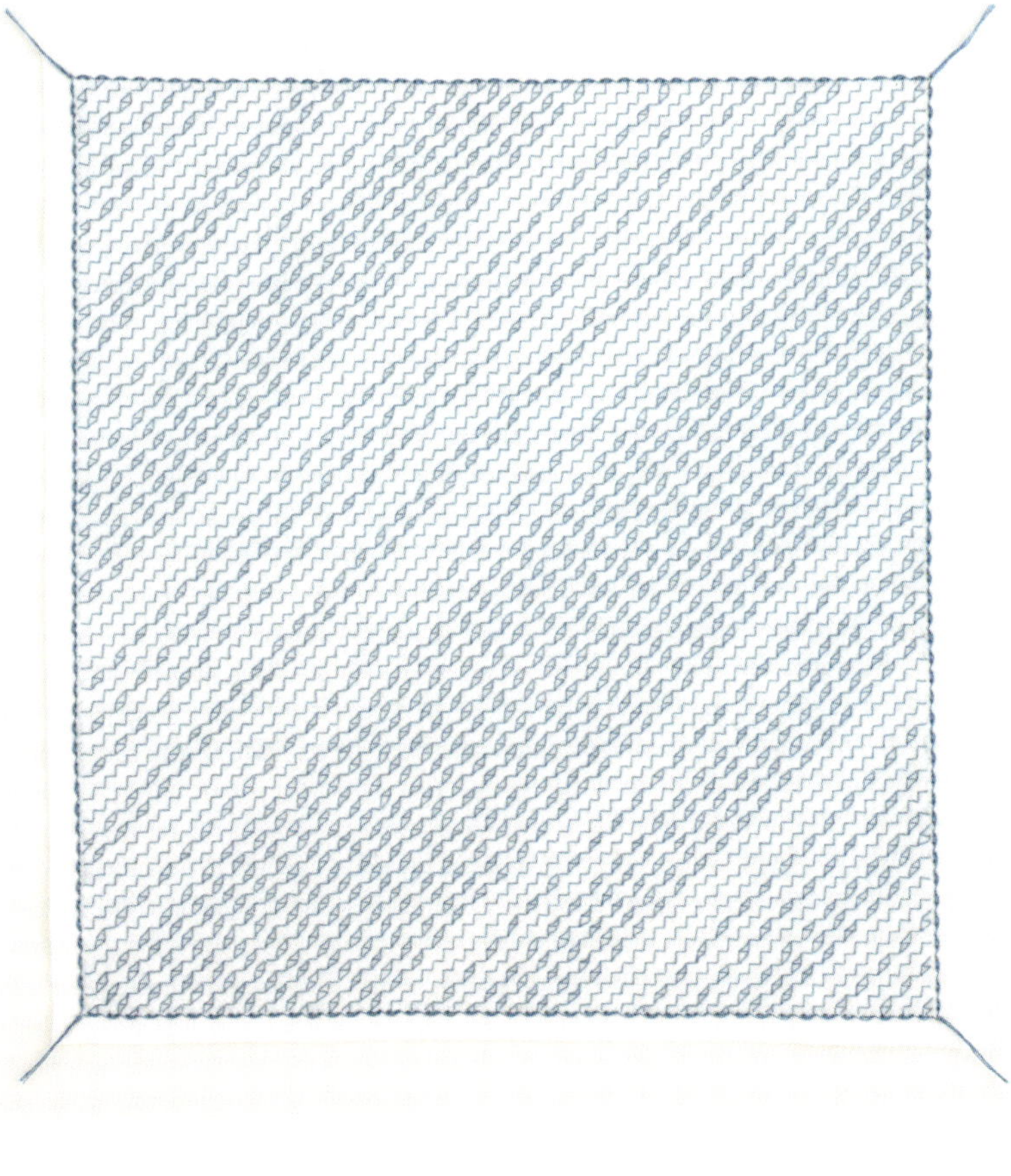

提灯刺し

縦の針目で灯りをともした補強刺し

縦横で井桁に刺し、斜めの糸で提灯のふくらみを。中心にすっと一本、芯を刺してともしびとします。しっかり刺して薄手の布を頑丈にします。

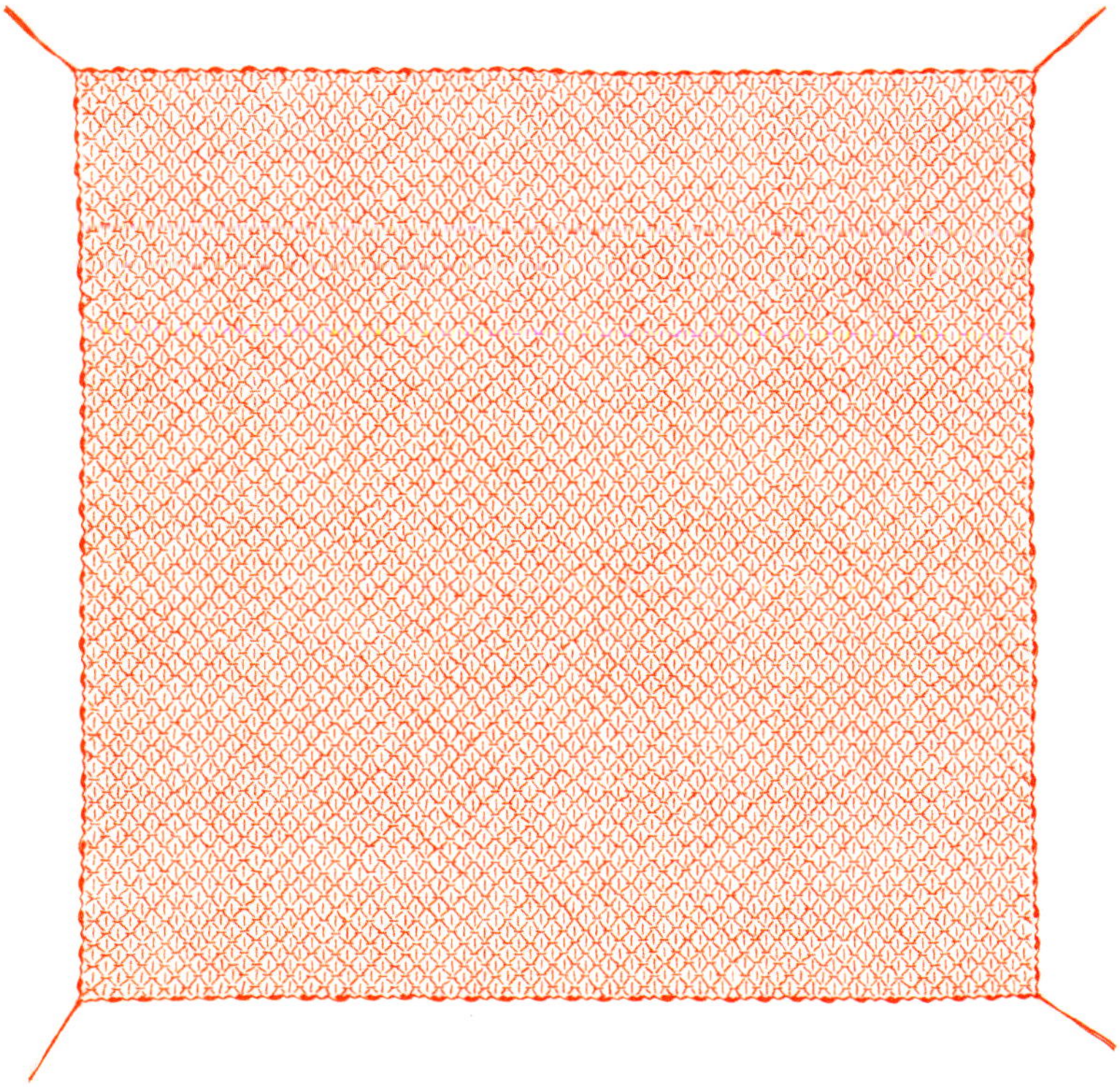

縦、横、斜めに運針を重ね、提灯模様に仕立てる。縦の一本が、ともしびとなる。左は色違い。

花ふきんはどんなときも女の身近にあり、
やさしく無言ではげまし
護ってくれるように思うのです。

心がざわつくときは針をもつ手をとめ、水の流れや空の広がりに目を向ける。左は秋田の人々の暮らしを守ってきた、「藤倉水源地」。

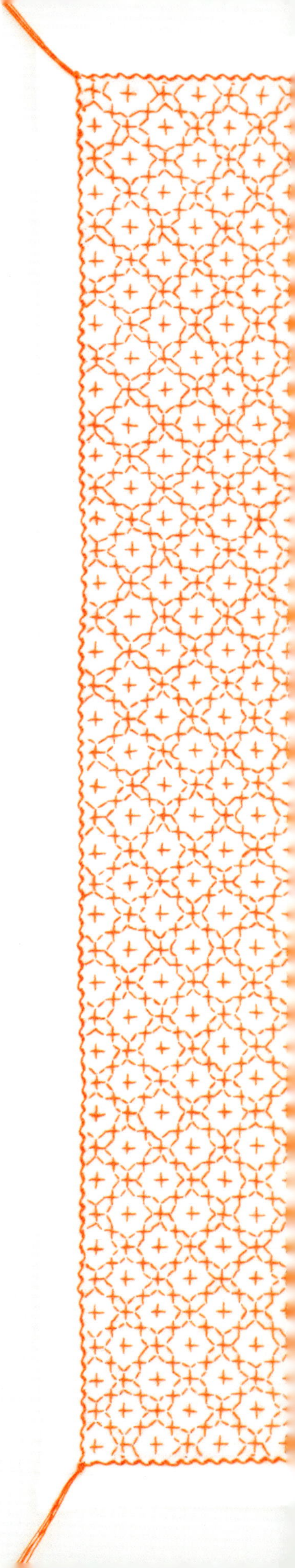

花刺し

子ども服にぽっちり刺して飾りにも

補強のために編み出された手法です。こまかい針目で花模様を作ります。飾り刺しとして子ども用スモックの一部に刺しても愛らしいものです。

縦横に運針したあと、十字の針目を斜めにつなぐ。右頁は基本の花刺し。左頁の二点は応用形。

違い刺し

着物の継ぎ当てや布団の繕いに

綴じ糸で傷んだ布団皮を繕うときなどに、重宝する刺し方です。糸を斜めに刺すため、ほかの補強の手法よりも布の動きがなめらかになります。

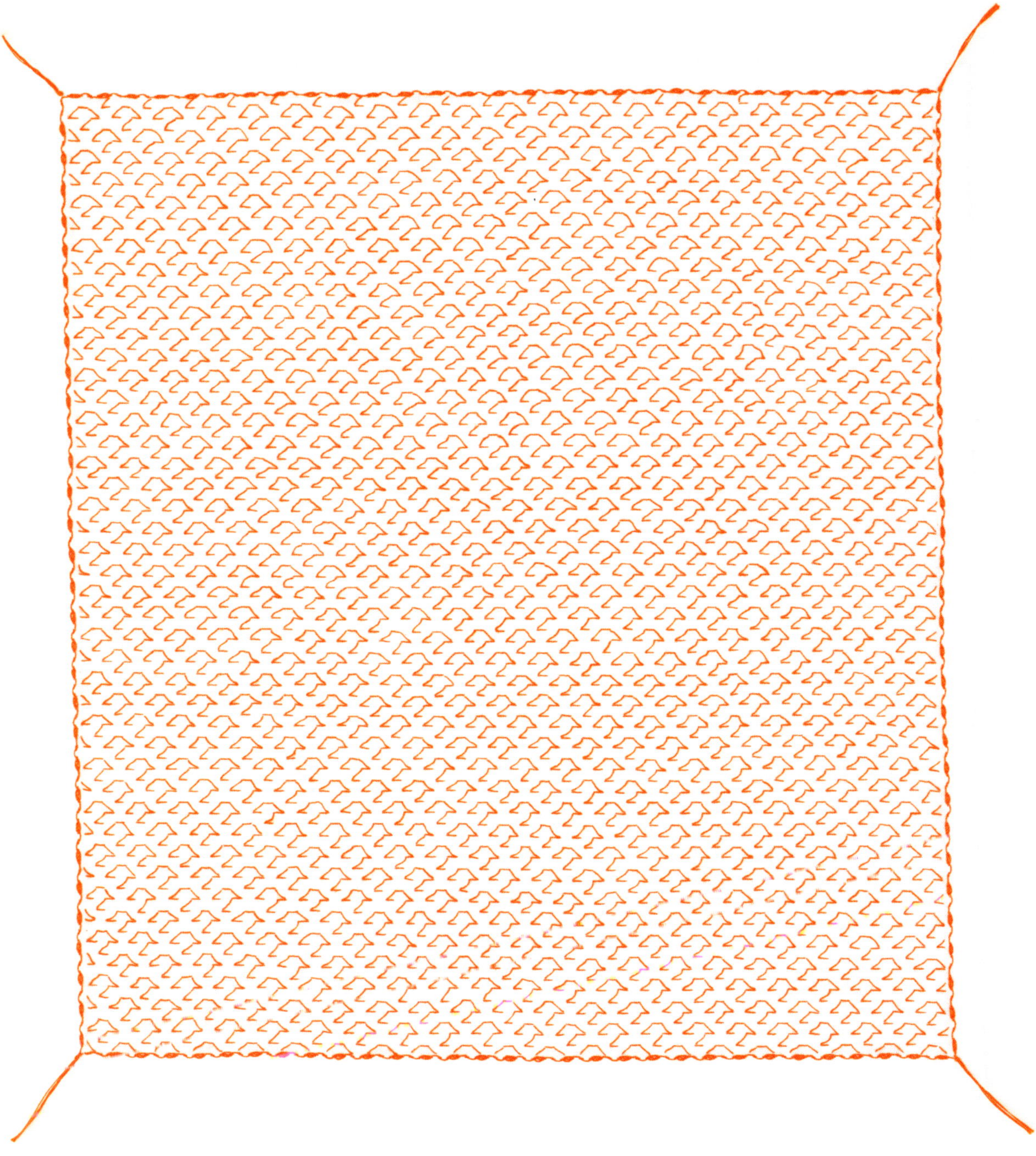

右は基本形。上の屋根模様は、着物や布団の継ぎ当てにもしばしば使われた。

十字刺し

着物の肌あたりをやわらかくする

ぎっしりと針を刺し込む手法と異なり、糸にふくらみがあって、肌あたりがよく体をあたためます。ほかの模様と組み合わせると引き立ちます。

左は表。十字同士がつながって、十字形模様が浮かび上がる。裏を返すと正方形が並ぶ(右)。

親亀・子亀

親と子が、表と裏とで支え合う

表は親亀。十字にかけた糸で布を丈夫にし、甲羅形にからめた糸で保温性を高めます。裏は子亀。親子はいつも共にあり、表と裏で支え合います。

甲羅の堅さは針目の＋−で。表（右）は親亀。裏の子亀はからっこ（胚）つき。左は色違いの裏面。

子亀刺し

ふっくらとして体をあたためる

子亀刺しは、冬をあたたかくすごす工夫として、家族の冬の着物にしばしば施されました。縦横との糸のからめ方によって、模様が変化します。

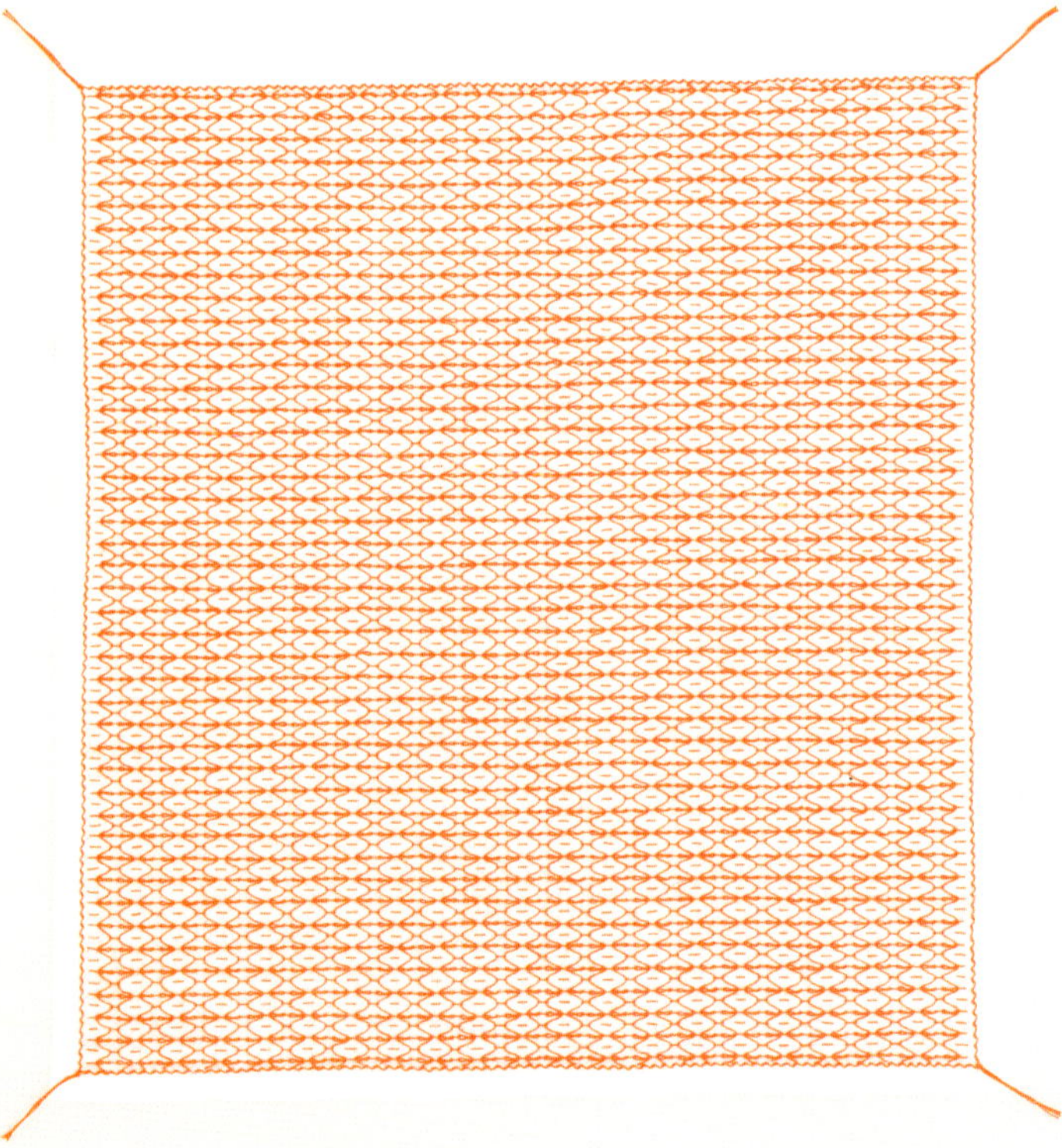

表（左）には子亀が並ぶ。甲羅に－の針目が刻まれている。裏（右）では子亀が向かい合っている。

子亀刺しの応用形。糸がからんで布の表面に凸凹ができ、その隙間に入った空気があたためられる。

親亀刺しの応用

保温性はそのままに、強度も増して

「親亀・子亀」は、古くから女性達の針仕事を助けてきた地刺しのひとつです。数多くの応用を重ねて、さまざまな変わり模様が生まれました。

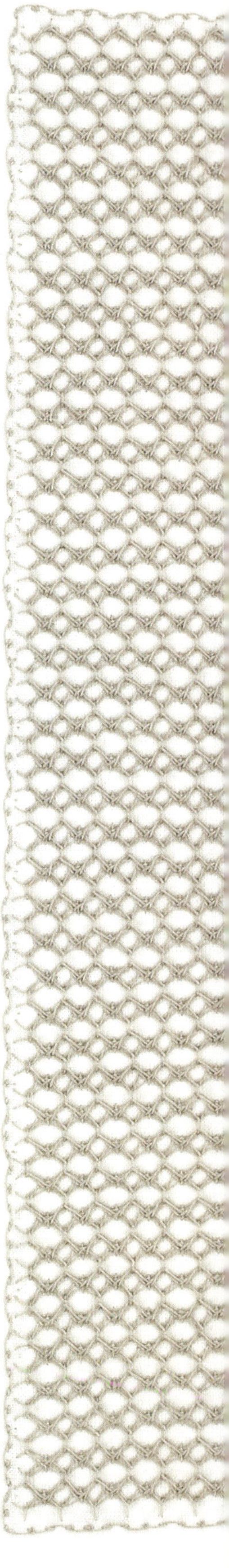

左は表、右は裏。運針した針目に、糸を8の字にからめると、複雑な模様が生まれてくる。

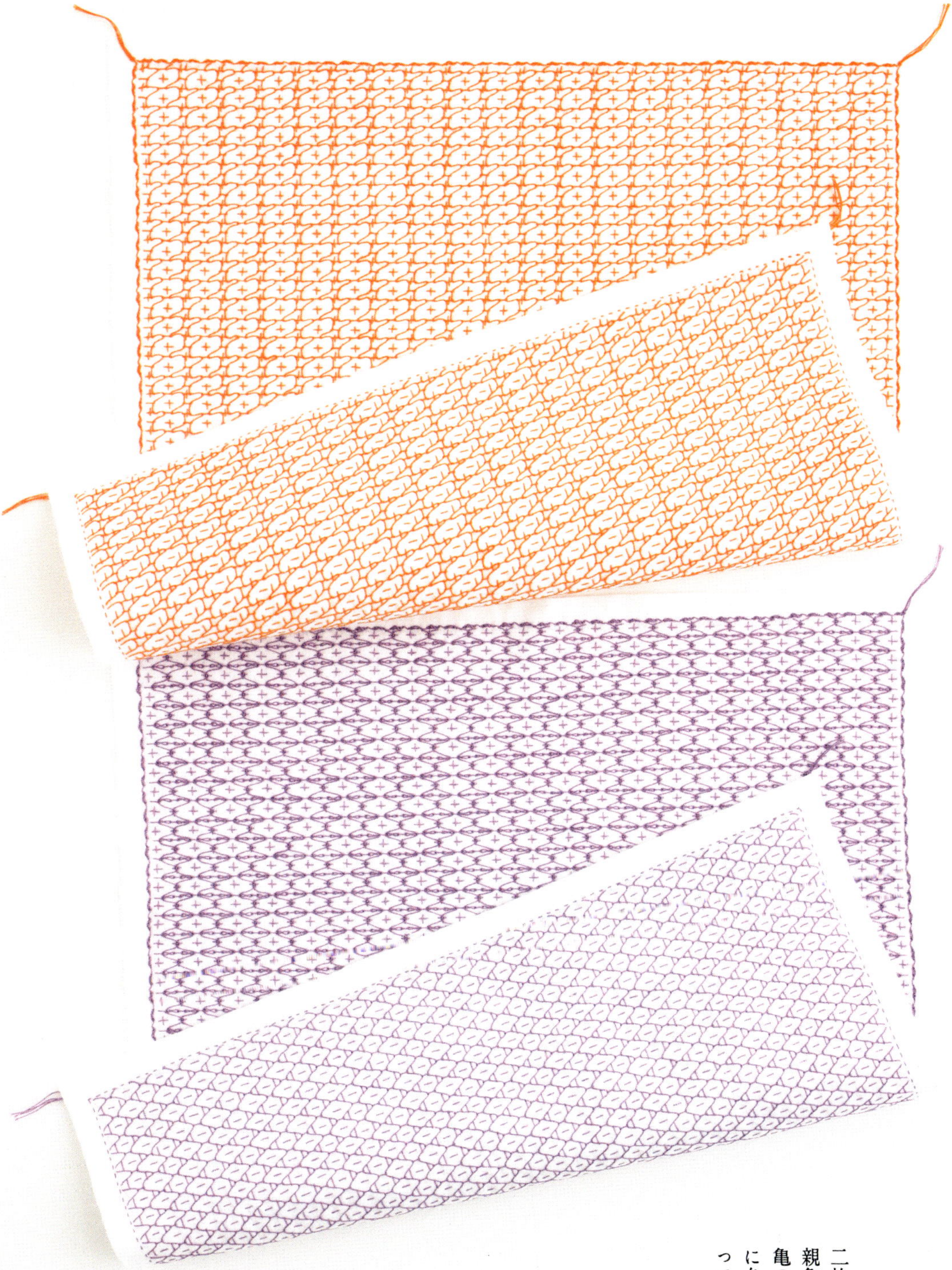

二枚のいずれも表は親亀の変形、裏は子亀の変形。どの針目に糸をかけるかによって模様は変わる。

「檜垣《ひがき》」と呼ばれる模様は、+の針目にひっかけながら斜めに糸をからめて作る。裏(下)の模様には、子亀のおもかげが。

いずれも親亀刺しの応用。糸のかけ方を変え、また色を変えることで、雰囲気はがらりと変化する。

変わり親亀

表は同じ模様。裏の模様に変化がある

親亀刺しの応用形は、縦横の針目に糸をかけて作ります。かけた糸が裏地にひびかないので、表と裏の模様の組み合わせは、作り手の自由です。

右ページ、縦横の刺し目に糸をわたす（右は裏）。上は二種の変わり親亀。表は、8の字にからめた親亀の応用形。裏は子亀の基本形にも、応用形にもなる。

刺し子は、ふきんに始まり、ふきんに終わる。
運針の始まりでふきんを刺し
のち、模様刺し、地刺しとこつこつと刺す
ひと針ひと針が、哀しくて、いとおしい。

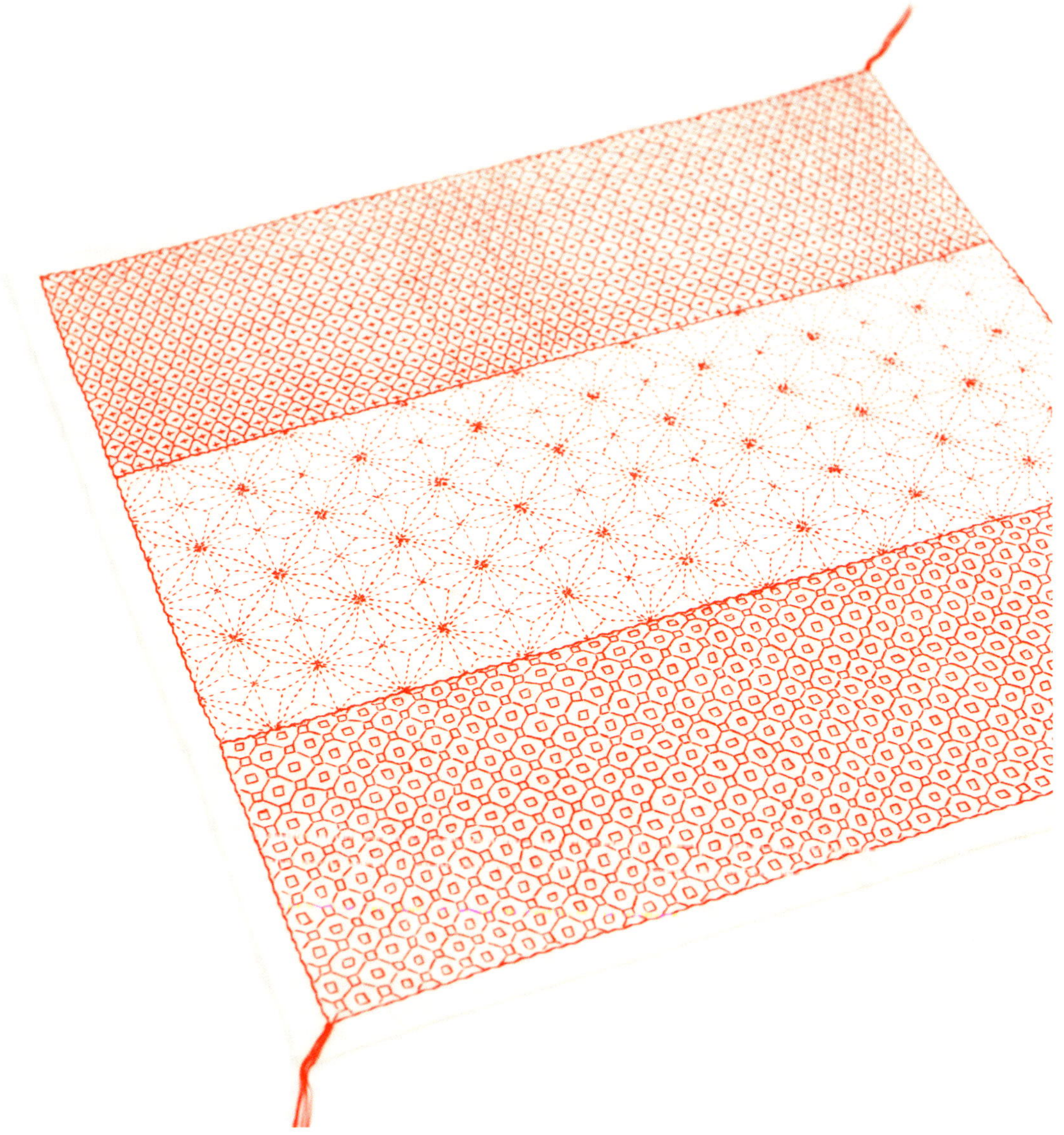

わたしと花ふきん

近藤陽紹子

花ふきんとの出合い

今から四十年ほど前のことです。秋田市内に暮らす九十余歳の女のかたが、秋田県大館の旧家から嫁いでくるときに母親が持たせてくれたという一枚の花ふきんを見せてくださいました。

それは麻の葉模様に刺した花ふきんでした。長い年月働き続けて、ふきんの縁はねずみ色になり、穴の開いているところもありました。それでもそのかたは「母にもらったものだから粗末にはできない」と、硯の下に敷いて、それはそれはいとおしそうに使っておられました。「これを敷いておくと、墨の摺り方が丁寧になる」ともおっしゃっていました。

◎祖母が教えてくれた銭刺しと籠目刺し

振り返れば、針をもつきっかけをくれたのは、祖母ミヨでした。わたしはばあちゃん子でした。わたしと弟が年子だったものですから、ばあさんが面倒を見てくれていたのです。子供のころ、ばあさんがわたしをじいっと見て「ヒログらい、めんけえ（可愛い）もんがあるか」としみじみ言ってくれたことがあります。その声を、目を、今も覚えています。

ばあさんはいつも、家の仕事を楽しく教えてくれました。たとえば大根を漬けるとき、「ヒロ、漬け物ってのはな、うめぐなれ、うめぐなれ、となでてから漬けるもんだ」と言います。針仕事も「ほら、ここさ来て一緒に縫え。面白えもんだよお」と、わたしを呼んでくれます。わきの下がほつれたときは「模様っこ刺せばいいよお」と、銭刺しや籠目刺しをして見せてくれました。模様の角度は田んぼの畔にすわり、蕗の葉をたたんで教わりました。

その祖母が亡くなってからは、毎日泣いてばかりいました。わたしがあまりにも悲しむのを見て、夫（近藤勇吉さん）が、「おばあちゃんから教わったことを形にしてみれ」と言ってくれました。それが、刺し子を本格的に始めるきっかけとなりました。困ったこと辛いことがあるごとに、針に励まされ諭されました。軽く手をたたいたり、なでたりしながら教えてくれる祖母の手の皺、手の温もりを想い出し、「ばあさんがなんと言ってくれるだろう」と思うのです。

手を動かし、また人の刺したものを見せていただくうちに、ばあさんに教えてもらった銭刺しや籠目刺しが「地刺し」と呼ばれることを知りました。また、それらの模様を使った東北の伝統的な野良着を目にする機会もありました。糸が作る模様は無数にあります。ばあさんに習った模様のほかにも、きっと各地で受け継がれている模様がたくさんあるはずです。そういう模様も刺してみたいと思うようになったときは、三十代になっていました。

こうして、伝統的な刺し子の模様を学ぶために、

花ふきんを刺し終えると、
近藤さんは必ず
新しい糸を通した針を数本、
針山に刺しておく。
こうすると翌日
するすると手が動き、
針仕事が気持よく進む。

秋田県内の針上手のもとを訪ね歩くようになりました。秋田の女のひとは目立つことを嫌がるところがあって、「人に教えていいふりこきしていると思われたくないから」と、断られることも多くありました。けれども、何度か足を運ぶうちに「あんたにだけは教える」と、裏口からそっと家に上げてくれる家もありました。そんなときは、メモをとりだすと場の空気が変わってしまうので、見せていただいた針仕事を、夢中で目で追って記憶しました。

「あんたは男の手をしている」と言われたことがあります。男のように大きくて骨張った手をしている、だから力強いものができる、と。そのまま続けなさいと励ましていただき、日本民藝館展に出展し、入選もしました。そのころ、秋田魁新報社（新聞社）でカルチャー教室をはじめるとのことで、民藝部門の講師を頼まれました。不安がるわたしを励ましてくださったのが当時の文化部長、佐藤正さんです。民藝を深く勉強された方で、それはいろいろとたくさんのことを教わりました。

自分も刺してみたいという人には、図案を渡すのではなく線を引き途中まで刺して手渡します。というのも刺し子は、手と手で伝わっていくもの。刺し子には、決まった針幅がありません。自分の針目に合わせて縫うから、人が出ます。うんとつらい針もあれば、なにか励まされるような針もあります。

生徒さんのなかには、細かくきちっと刺しているのに、どこか豊かなものを刺す人がいます。競争心がなくて『無地だった布にこんなに刺し込めて、幸せ』と言うのです。そういう人の作るものは、穏やかで美しく、そこから生き方も教わる気がします。

◎暮らしのなかで使われてこそ手仕事になる

気づけば四十年以上、千種以上を刺してきました。今は、長男の孫娘二人がお嫁に行くまでにそれぞれ百枚ぐらいは作ってあげようと、刺しためています。使われる「用」があり、作る人の願いが込められてはじめて「手仕事」なのだと思います。

できあがった花ふきんは、折り皺をつけずに伸ばしたまま風呂敷に包んで仕舞っています。また、暮らしのなかでも使っています。現代の生活では何でもありますが、一枚の花ふきんが何かにかけられてあったりするとほっとします。食器や電気釜の上、トースターに。仏壇にお供えするお膳にも、今日は模様刺し、今日は地刺しと一枚ずつ選んでいます。仏壇のなかには主人と次男の写真が並んでいます。

女の手は、暮らしを護るものと聞いて育ちました。花ふきんは身近にあって優しく無言で励まし護ってくれるように思うのです。刺し子は頑張りすぎるものでもなく、ゆっくり進めれば布が応えてくれる。それが豊かさに繋がるのだと思います。

刺し手について

今回ご紹介した花ふきんは、わたし以外に、梅津雅子さんと杉原克子さんが刺しました。わたしと同様に秋田の主婦で、二十年近く通って来てくださっているよき刺し手です。今は月二回顔を合わせては、互いの家族のことなどをおしゃべりしながら三時間ほど刺しています。

おふたりとも、たくさん刺しためたふきんのなかから、親戚、友人へと、好きなものを選んでもらって差し上げるそうですが、男性にも女性にも人気のあるのは、「鉄線」（p25）とのこと。おふたりの言葉を、最後にご紹介したいと思います。

◎杉原克子さんのお話

十五年前から、本格的に刺し子を始めました。ただ糸を持って、布を手のなかに収めて、自分の場所に座っているだけで落ち着くのです。急いで仕上げたいとは思いません。雑なものひとつ作ってしまうと、ずっと、引きずるようで。

きちんと作りたい気持ちは変わりませんが、この頃は多少のことがあっても、ゆったりと感じられて、許せる部分がでてきました。

糸の色も好みが変わりました。花ふきんのときは、最近は赤糸ばかり使っています。以前はいろいろな色糸を試していましたが、赤糸だと模様がきれいで、品があるように思います。昔の花ふきんも赤が多かったそうですが、なるほどと思います。

作ったものはどれも思い出があり、いとおしくなります。

◎梅津雅子さんのお話

三十数年前、嫁ぎ先の親戚のおばあさんから花ふきんをもらいました。他の貰い物とは違って、「おなご」の部分でつながった頂き物ですから、とっても嬉しかった。これは自分が歳をとってもできる仕事だと思いました。

実際に刺し子を始めたのは、十八年ぐらい前からです。主に模様刺しをしています。夜、家族の食事を片付けて一息ついたところで、テレビを見ながら手を動かし始めます。忙しくても、一日に糸一本でもいいから刺すようにしています。家の用事や主人の世話の合間にできた時間に刺すので、一枚縫い終えるのに一週間かかるときもあれば、もっと長い時も、短い時もあります。

母は和裁をしていて、浴衣や茶羽織を月に何十枚と縫っていました。子供を六人抱えて、やりくりが大変だったのだと思います。暗い電気の下で、夜も縫っていました。そんなめぐりあわせから、私に針を持たせてくれていると思います。

近藤陽紹子（こんどう・ひろこ）
一九四〇年、秋田県生まれ。
三十代のころ「花ふきん」に出合う。以来、県内の針上手を訪ね歩き、刺し方を見て覚える。いままで考案した模様は千種以上にも及ぶ。針仕事へ思いを寄せる人々に手ほどきをし、知る人の少なくなった「花ふきん」という手仕事を、次世代に伝え続けている日々。

ブックデザイン　縄田智子　L'espace
写真　松本のりこ
取材・文　渡辺尚子
花ふきん 図案　近藤陽紹子
花ふきん 刺し手　近藤陽紹子　梅津雅子　杉原克子

嫁入り道具の花ふきん　秋田に伝わる祝いの針仕事
平成二十五年十一月二十八日　初版第一刷発行
著　者　近藤陽紹子
発行者　阪東宗文
発行所　暮しの手帖社　東京都新宿区北新宿一ノ三五ノ二〇
電　話　〇三－五三三八－六〇一一
印刷所　凸版印刷株式会社

落丁・乱丁がありましたらお取り替えいたします
定価はカバーに表示してあります
ISBN978-4-7660-0183-9　C5077